〈決定版〉ミシュレ入門

愛／宗教／歴史

大野一道

藤原書店

〈決定版〉ミシュレ入門

目次

II 「不寛容の時代」への言葉　75

III　「変革」のための言葉　151

Ⅳ　「環境の時代」への言葉　217

――『鳥』『虫』『海』『山』を読む――

〈決定版〉

ミシュレ入門

愛／宗教／歴史

凡例

一　ミシュレ自身からの引用文は、太字で示した。
一　本来「　」で囲ってある箇所を、引用文中に入れたときは『　』で囲った。
一　引用文のなかで段落が変わる箇所は／で示した。
一　引用文のなかで傍点で強調されている箇所は〈　〉で囲った。
一　引用原文がフランス語でイタリックで強調されている箇所も〈　〉で囲った。
一　訳文への補足は〔　〕とした。
一　本文中に挿入した注は〔　〕で、補足は（　）で囲った。長い注は各段落の後に＊、＊＊として入れた。訳文への補足や注は〔　〕で囲った。

はじめに――古代的世界の再生《ルネサンス》をめざして

「自然＝宇宙の一員」として生きる人類の発見

ジュール・ミシュレは一七九八年八月二一日、大革命以来住居に転用されていたパリの場末のとある教会で生まれた。クロード・メトラが言うように「パリは地形的に見ていまだ中世の街であった（…）数多くの古風な家がいまだにある狭い通りに、とりわけ多数の聖堂に、中世の痕跡が残っていた*」。

* Présentation de Claude Mettra in Michelet, *Le Moyen Age* (Robert Laffont, Bouquins, 1981), p. 5　なおこの書には桐村泰次の訳（ミシュレ『フランス史〔中世〕Ⅱ』論創社、二〇一六）があり、随時参照した。

ミシュレは生まれたときから、中世の色濃い影と大革命の爪痕との、はざまで成長していったのである。つまりキリスト教で覆い尽くされていた中世的世界と、近代への一歩を大きく踏み出したと言える革命との、せめぎ合いの中で育っていったのである。

メトラが言うように、「ミシュレの幼年期の主要な体験のひとつは、消え去った中世時代とのこうした親密感であるが、それと切り離せない形で、大革命との間で同じように保持している親密感があり、それが彼の歴史の色調を醸し出している」（同書、p.6）。

そうなのだ、ミシュレはその死の時（一八七四年二月九日）まで膨大な『フランス史』（全十七巻、一八三三―六七年出版）、『フランス革命史』（全七巻、一八四七―五三）、『十九世紀史』（全三巻、一八七二―七五、未完）等を書き残したが、彼の最も特徴的な歴史観をしめす言葉を一つだけ挙げるとすれば、『人類の聖書』（一八六四）の結論部にある、次の言葉ではないかと私は思う。

「インドから〔一七〕八九年〔＝大革命〕まで光の奔流が流れ下ってくる。『法』と『理性』の大河である。遥かなる古代は君なのだ。君の種族は八九年となる。そして中世はよそ者となる」

（『人類の聖書』大野訳、藤原書店、二〇〇一年、四〇五頁）

この少し前には遠い古代との幸せな一致を語ることなくして、どうして近代思想を語ることが出来ようかという言葉もある。さらにそれより少し前に次のような言葉が、注記としてだが記されている。

「三つの〈書物の民〉、ユダヤ人とその二人の息子キリスト教徒とイスラム教徒は、『言葉』を培い、生をなおざりにした。言葉において豊かで、行為において貧しく、地球を、〈ハハナルダイチ〉を忘れた」

（同、三九三頁）

J・ミシュレ
（ナダール撮影。1855年頃）

ここには伝統的西洋思想、あるいは世界観といったものと、きわめて異なる考え方が内在していると言えよう。ハハナルダイチとは、万物の生の源泉を指し示す言葉だろう。つまり人間のみならずこの世に生きるすべてのものが、大いなる宇宙とのつながりをもって生きているということへの、実感を表しているのだろう。それに対し「言葉」によって肥大化する意識は、自己（＝人類、種族等様々の帰属集団）への特権視を生み出し、我々一人一人が、自然＝宇宙の一員としてあるという基本的事実を忘却させ、自己をして他者に優越するというエリート意識を高めるものとなろう。かくしてこうした「言葉」こそ、人類の特権化、自己の所属する人種、民族等への特権化を生み出す元となろう。ユダヤ・キリスト教的（ここには、そこから最も遅く派生したイスラム教ももちろん入る）一神教への、かの絶対神への信仰は、とりわけこうした自己優越意識を生み出すものとしてミシュレの中で捉えられるようになったということだろう。ヨーロッパ世界では、こうした信仰の中心は、もちろんキリスト教であり、それが全ヨーロッパを覆い尽くしていたのが中世だったということなのだ。こうした中世世界を克服し（その魅力に若い日のミシュレは捉えられていた時期もあったが）、近代的世界への第一歩を踏み出したのがルネサンスだとミシュレは考えた。

それは中世的世界以前に存在した古代的世界の再発見であり、再生であっただろうが、さらには、その古代をギリシア、ローマに留めることなく、その前にあった古代エジプト、ペルシア、オリエント、さらにその先の古代インドにまでさかのぼって、人類の中にあった聖なる意識を跡付けようとしたのが『人類の聖書』だった。

真の「近代的世界観」とは

ヨーロッパが中世的なものを脱していったかの時代を、あの時代そのものを、「ルネサンス」（普通名詞として再生・復活等を意味する）と名付けたのは、歴史上ミシュレが最初であると言われているが、彼は中世的世界観を超えて復活してきたルネサンスを、単に古代ローマ、ギリシアの再生のみではなく、その先にあった古代インドの、否、古代のみではなく現在にまで脈々と流れているであろう東洋的世界観の復活そのものとして捉えようとしていたのかもしれない。そしてルネサンスの後に生じるフランス革命に、中世的世界観を完全に乗り越える近代の実現（への少なくとも大きな一歩）を認め、それを「インドから八九年まで法と理性の大河が」一直線に流れ下っているというイメージで表したのではないだろうか。

こういうかたちの思考を別の言い方にするならば、すべてを神の相の元で捉え、その意に沿って生きようとする生き方を脱し（これは神の意を知ることのできる者の、あるいは他の動物たちに対する人間の、特権化を必然的に生じる）、我々自身の感覚ないし感性にもとづいて〈人間〉として生きよう、その人間はこの世で何も特権を持ってはいない、万物とともに宇宙の中で生きてゆく存在の一つなのだと認識するといった世界観となるだろう。こうした世界観というかむしろ世界感覚こそ、近代的思考法だとミシュレは思ったのではないか。そして、こうした近代的世界観の確立へ踏み出した最大の出来事が、フランス革命だったのだと。

キネの「革命」観との相違

だがこうした革命観は、ある意味、人間の近代的自我を最大限に確立し肥大化させるのに貢献した一七八九年の出来事への、あまりにも特殊な見方となってしまわないのか。その点では、ミシュレの思想的盟友とも言えるエドガール・キネ（一八〇三―七五）の革命観とも、かなり異なるものとなっている。

キネはミシュレと共に勤めていたコレージュ・ド・フランスで、一八四三年度前期の講義を同じテーマ、つまりいまだ力を持っていたカトリックの、中でもとりわけ教条主義に固まっていると思われた集団イエズス会への批判を行い、講義終了後『イエズス会』というタイトルの共著として発表した。プロテスタントのキネにとっては、カトリックの教義をあまりにも教条的に布教してゆくイエズス会の活動に、中世カトリックの支配体制と同様のものを感じ、それへの反撃を行ったということだろう。この点ではミシュレも変わりなかったはずだ。だが同じ闘いを行いながら、二人の見ていた世界像は微妙にずれていたのだった。

キネにとって、中世には政治的社会的支配構造として、王ないし皇帝を頂点に様々な身分の貴族を介して、一般民衆を支配する徹底的な階層社会が成立していたが、その背後には、そうしたヒエラルキー構造をイデオロギー的に支えるローマ・カトリック教会があって、教皇を頂点に様々な階層の聖職者たちが、同様にがっちりとしたヒエラルキー体制で組み立てられていたのだった。これは神のもとでの万人の平等と友愛を説くイエス・キリストの教えから、完全に逸脱してしまうことに他ならないはずだ。

E・キネ

キネは一八四五年前期のコレージュ・ド・フランスでの講義を、同年七月末『キリスト教とフランス革命』というタイトルで出版しているが、そこには次のような言葉がある。「キリスト教は、こうしてフランス革命の時期まで墓の中に閉じ込められている」(Edgar Quinet, *Le Christianisme et la Révolution Française*, Fayard, 1984, p.90)。というのも「〈福音書〉の中で初めて友愛の教義がきらめき出した」(同書、p.89)からであり、中世的世界の中では、「初期キリスト教のデモクラシーは、司教たちの封建制に置き換えられてしまっていた」（同書、p.105）からだ。つまりキネにとって、長期の中世的支配体制とは、精神面から社会の現実のすみずみまでがカトリックの教義によって染め上げられ、がっちりと抑え込まれている体制だった。そうした体制から、初期キリスト教の精神そのものへの、すなわちイエス・キリストの教えそのものへの回帰、復活を現実社会の内部でなそうとしたのが、フランス革命だったというわけだ。

つまりイエズス会に代表されるようなあまりに教条的なカトリック的世界観、それは封建制のバックボーンに他ならなかったが、それを打倒し、イエスそのものの教えを真に実現しようとする運動として、十六世紀宗教改革の見据える先に、社会全般にその改革精神が及んだ動きとして、革命があると捉えていたということだろう。これがプロテスタントとしてのキネの革命観だった。

「一神教的絶対神」を超えて

それに対しミシュレは、がっちりとしたヒエラルキーによる支配体制を創りだしたカトリック的なものへの反発は共有しながらも、大革命とは、単にキリスト教内部の、カトリック的世界からプロテスタント世界への転換を目指しただけのものではなく、さらに深い根源的な変革を西洋的世界観にもたらしたもの、社会全般のみならず人間の意識面で世界観的大変革をもたらしたものと考えていたのだ。つまり一神教的絶対神への信仰を基に歴史が形成されてきたという、それまでの歴史の主流自体を反省し、絶対神への信仰を越えて新しい信仰を求めるような動きの出発点として、フランス革命を見ようとしていたように思われる。それが先に紹介した『人類の聖書』の言葉から窺えることではないか。

いったいどういうことなのかを、彼の書き残した膨大な歴史書や、それ以外の自然を巡るエッセー等も参照しながら（と言ってもほんの一部しか目を通せないが）、これから考えていってみよう。もちろん絶対神への信仰が様々な面でもたらした肯定面を、たとえば独自の個性的芸術を生み出した等々をミシュレは認識しており、それへの言及も多々あるのだが、そうした信仰が歴史にもたらした深刻な問題点を指摘しているような箇所に、あえて焦点を当てて眺めていきたい。

I

「戦争の時代」への言葉

――『フランス史』『フランス革命史』を読む――

道徳的浄化という絶対理念が、良心の恐るべき平穏さと、何一つ容赦しないというぞっとするような几帳面さとを与えたのだ。

（本書七〇頁）

まず『フランス史』の中から、一神教の信仰が要因として生じたと思われる大きな事件、事象をピックアップして考えてみよう。最初に十字軍の問題を取り上げる。

1　正義の名のもとの侵略——十字軍

十一世紀セルジュク・トルコが地中海東岸に進出したことで、ビザンチン帝国が圧迫され、その皇帝アレクシオ一世がローマ教皇ウルバヌス二世に救援を求めたことから、地中海東岸にある聖地イェルサレムを異教徒から奪還しようとの動きが起き、これが十字軍の派遣となったというのが一般的な見方であろう。ミシュレも十字軍を語る章で、まず当時のヨーロッパ内部の分析から始める。

神聖ローマ帝国

十一世紀当時ヨーロッパ内部における主たる争いは、「**神聖なるローマ教皇庁と神聖ローマ**

帝国のあいだにある」というのだ。そして次のように続ける。

「ドイツは精神的優位をも希求した。それは『神聖帝国』と名乗った。帝国の外にはいかなる秩序も聖性もない。座天使、主天使、大天使といった天上の神の諸権力が従属関係にあるように、皇帝は王に対して、王は公に対して、公は辺境伯や領主に対して権力を有している。（…）世俗の社会が神聖な社会の称号を手に入れ、市民生活の中で天の秩序と神の位階について熟考し、天空を地上に置くのだと主張する」

（ミシュレ『フランス史Ⅰ』藤原書店、二〇一〇年、一三三頁）

これは中世の封建制度が、キリスト教的世界観とパラレルな形で成り立っていたことを、見事に言い当てている箇所だろう。こうした主張を前に、ローマ・カトリック教会は神聖帝国とは別の場に、すなわちキリスト教信仰そのものの中に、真に聖なるものがあることを示さなければならなかったとミシュレは言う。

「女を遠ざける」という不自然

「世俗の人間の支配から逃れるために、教会は自身が世俗的であることを止めなくてはならなかった。教会は禁欲と犠牲の美徳によって、その力を取り戻さなくてはならなかった。(…)グレゴリウス七世は結婚した司祭を、もはや司祭ではないと声明させた」

(同、二四〇頁)

つまり神父や司祭の独身主義はここから始まったということだろう。こうした独身主義がいかに自然に反することか、ミシュレは事あるごとに問題視することになろう。女を肉体的に支配できないことから、聖職者たちがいかにして精神的に女たちを支配しようとするか、意のままにしようとするか、それが家庭内部においては、夫以上に妻たちを動かす力となって、いかに多くの不幸を生み出しているかと、『司祭、女、家族』(一八四五)等で繰り返し説くだろう。いずれにせよローマ教会は司祭たちが妻帯しないことで、世俗世界とは違う存在であることを際立たせようとしたのだ。

ミシュレはさらに、当時の世界にあった奇妙な傾向を指摘する。

「中世という時代はユダヤ人たちを拒絶し、イエス・キリストの殺害者として辱めたが、それと同様に女性を（…）軽蔑した。哀れなイヴはあいかわらずリンゴの代償を支払っていたのだ。人々はイヴの中に地上の悪を解き放ったパンドラの姿をみた。（…）結婚は許されうる小罪とはいえ、ともかくも罪であると宣言した」（同、二四一頁）

結婚は世俗人にのみ許されることであったから、女との肉体的交わりを禁止されてしまった聖職者たちから見て、罪の一種とみなすことによって、自己の優位性を主張したかったのだろう。つまり結婚し子孫を残すというごく当たり前のことが、人間的に劣る行為とみなされたということだ。こういう形で教会は、世俗世界に対する優位を確立した。それによって「**自然は打ち負かされた。ただし不自然なやり方で**」（同、二四四頁）とミシュレは言う。

「正義」の名のもとの侵略と虐殺

こうした手段に頼ってでも、世俗世界に対する指導力を確立したローマ教会は、はるか遠いイェルサレムの奪還を目指して、ヨーロッパ各地から多くのキリスト教徒を十字軍として派遣することに成功する。一〇二七年から始まり一二七〇年まで続いたという、七次にわたるその経緯を仔細に述べるよりも、十字軍が行った様々な行為の中でも特に目立つ、野蛮としか言えないような出来事にも言及することをミシュレは忘れていない。

「**ピサ人は船団を武装し、アフリカへ出航し、一〇万人のムーア人を虐殺したという**」（同、二五二頁）。

ただし十万という数字は、この中世時代にあっては信用ならないもので、大抵の場合、大げさにされているらしい。

「**彼らはユダヤ人と見れば誰でも拷問して殺した**」（同、二五五―二五六頁）。

ここで言う彼等とは、ピサ人のことではない。フランスを中心にヨーロッパ各地から集まった、騎士階級だけではない数多くの民衆たちである。

「**一〇九九年七月一五日（…）ゴドフロワ・ド・ブイヨンは（…）イェルサレムの城壁に降り立った。町が陥落すると殺戮はすさまじかった。十字軍は（…）イェルサレムで異教徒に出会うたび、イエス・キリストの処刑人をまた一人打ち倒したと信じた**」（同、二六九頁）。

異教徒に支配されている聖地には、イエス・キリストを裏切ったユダヤ人や異教徒のアラブ人たちがいる、それらは全員抹殺しなければならない。これがキリスト教徒たる十字軍兵士の信念だったのだろう。宗教戦争の恐ろしさとはこういうところにある。絶対の神の側にあれば、自分たちは絶対の正義となり、その神を信じない者たちは、絶対的悪、悪魔の手先となってしまうのだろう。しかし十字軍から見ての他者、敵たるアラブ人たちもアッラーと言う絶対神を信じていた。彼等から見た十字軍は自分たちの存在を脅かす侵略者でしかなかったはずだ。

アラブから見た十字軍

アラブ人から見て、キリスト教徒によるこの侵略はどのようなものだったのか、ミシュレもおそらく知らなかったであろうアラブ側の資料を駆使して、この問題を論じているアミン・マアルーフ著『アラブが見た十字軍』（牟田口・新川訳、リブロポート、一九八六）を、ここで眺めておきたい。

まず言っておきたいのは、アラブ側から見て十字軍なるものの存在は認識できなかったということである。十字軍とはフランク人による侵略軍でしかなかった。確かにミシュレも指摘しているが、第一回十字軍の主体は今日のフランス人で形成されており、アラブからはフランクの軍と思われたのだろう。

一〇九六年八月、フランク軍がボスポラス海峡を渡ってきた。彼等は「われらはムスリムを皆殺しにするためにやって来たのだと叫ぶ声が至るところで聞こえた」(同書、一六頁) と記述されているという。そしてニケーアを目指して行く途中、「全住民がキリスト教徒の村」で、「収穫が終わって納屋に収められたばかりの穀物に手をだし、阻止しようとした農民を容赦なく殺した。幼い子どもたちさえ焼き殺されたという」(同、一七頁)。

キリスト教の大義など関係なかったということだろう。フランク軍は単なる侵略軍でしかなかったとアラブ側からは思われたのだ。

しかし彼らは強かった。「フランク軍の強さの秘密は甲冑の厚みにあった。(…) 矢の雨からまったくみごとに守られている」(同、三二頁)。もちろんフランクと対峙したのはアラブ軍だけではない。トルコ軍やクルド軍や、十字軍の目的地がイェルサレムから逸れたときには、エジプト軍なども戦った。実際に戦闘行為をしたわけではないが、東方教会に属するキリスト教徒、「ギリシア教会派、アルメニア教会派、マロン派、ヤコブ派」などは、「二重の圧力に苦しむことになる」。「彼らがサラセン人に共感の情を持っているのではないか」と疑う西洋のキリスト教徒からの圧力であり、もう一つはこの人々を「侵略者の当然の味方とみる」、彼らの同胞のムスリムからの圧力である。「宗教上の帰属と民族上の帰属の間の境界線は存在しないも同然だった」。

たとえば『ムール人』*という呼び名は、ビザンツ人も、ギリシア教会派のシリア人も指す」（同、三九頁）ということだった。十字軍の向かった当時のアラブ世界（トルコをも含め）は、決してイスラム教一色に染め上げられてはいなかったのだ。そこから、いったい何を目的に、あるいは大義に、この遠征が行われたのか分からないようなことも起きるだろう。

一一六八年一〇月のことだったというが、「サラセンどもをやっつけることでうずうずしている」多数の西洋の騎士たちが、「エジプトへ四度目の攻撃を仕掛けた」。彼らは「ビルバイスの町を奪い、住民を——男も女子どもも、ムスリムと同じくコプト派のキリスト教徒も——虐殺した」（同、二五五頁）。

*ムール人　アラブ世界でビザンチン帝国の人々を指す。

第四次十字軍のとき、一二〇四年四月のことだが、彼らはイェルサレムの代わりにコンスタンチノープルに向かい、そこを征服、ラテン帝国を樹立したのだが、その時、すさまじい掠奪等をおこなったという。「［町の］名士たちはフランクに追われ、ソフィアと呼ばれる大聖堂に避難しようとした。そこで一群の司祭や修道僧が外へ出て、十字架と福音書をかかげ、寄せ手に命乞いをしたが、フランクはその懇願に耳を貸さない。彼等は全員を殺し、聖堂を荒らした」。そして「近くの僧院でギリシア人の修道女を侵すのだった」。この「コンスタンチノープル略奪」

は「歴史の最も汚れた行為のひとつ」（同、三三六頁）とアラブ人の歴史家は述べているそうだ。

十字軍の残虐な「実態」

これに対しミシュレの方はこの時の十字軍の行為について、たとえば次のように記している。

「彼らはモスクやシナゴーグを見ると、異教徒たちに襲いかかった。異教徒たちも防戦した。と、十字軍兵士たちはいくつかの家に火を放った。火事は燃え広がり、コンスタンチノープルの最も人口の密集した地帯が八日間も燃え続け、一里平方を燃えつくした」*

* Michelet, *Histoire de France II*, Edition présentée par Paul Viallaneix et Paule Petitier, Edition des Equateurs, 2008.（以下 E.E. II と略記。他の巻もローマ数字で略記）、p. 296

「十字軍の指揮官たちは、兵士たちが、勝利したのをいいことに乱暴狼藉するのを制限しようとして、既婚婦人、処女、修道女たちへの暴行を、死刑に値するものと言って禁止した。ただし町は、恐ろしいまでに略奪されてしまった」（E.E. II, p.297）

ミシュレはアラブの記録を十分には見ていなかったと推測される。

アラブの記録からは、他にも目を覆わんばかりの残虐行為があったことが分かる。一〇九八年一二月だった。フランク軍はアンティオキアに到着。「三日間にわたり（…）住民を剣にかけて十万人以上を殺し、多数を捕虜にした」が、「ここでいう惨禍とは、犠牲者の数のなかよりは、彼らを待ち受けた想像を絶する運命の中にある。〈マアッラで、われらが同志たちはおとなの異教徒を鍋に入れて煮た上に、子どもを串焼きにしてむさぼりくらった〉」（『アラブが見た十字軍』、六六頁）と、フランクの年代記作者は記しているとアラブの方では伝えている。

アラブの年代記作者は、「フランクに通じている者ならだれでも、彼らをけだものとみなす。勇気と戦う熱意にはすぐれているが、それ以外には何もない。動物が力と攻撃性ですぐれているのと同様である」（同、六七頁）と侵略者たちのことを述べている。

一一〇九年七月、十字軍は二千日に渡って抵抗していたトリポリを陥落させ、この都を略奪、破壊した。図書館にあった「十万冊の蔵書は荒され、『不敬の書』を破棄するために焼き払われた。（…）住民の大半は奴隷に売られ、その他は財産を奪われたすえに追放された」（同、一二六頁）。

その他もろもろの破壊行為、残虐行為がこの『アラブから見た十字軍』には書かれている。

当時の記録として数字はどの程度正確かはわからないものの、記述が実際に起きた事件にかかわるという点では間違いのないものだろう。もしもミシュレが知っていたら、こうした出来事の一端でも十字軍の実態を伝えるものとして、書き入れていたのではないだろうか。

十字軍は、聖地奪還という大義に染め上げられた、神聖なる運動とのみ見なすことのできないような出来事だった。

2 「異端」への弾圧

「**十三世紀の教会は**（…）**異教徒への十字軍を異端へのそれへと移していった**」（E.E. II, p.307）とミシュレは述べている。確かに南仏ではびこったアルビ派に対するアルビジョワ十字軍が有名である。しかし十字軍とは言っても、異教徒のアラブ世界に対するそれとは違い、同じヨーロッパ人キリスト教徒（異端）に対するそれであり、のちのプロテスタント等への弾圧と基本的には同じ性質をもつものだったであろう。それゆえ、ここでは十六世紀宗教改革以降の改革派への弾圧と一緒に眺めておきたい。

アルビジョワ十字軍

異端「カタリ派」

アルビジョワつまりアルビ派とは、南仏トゥールーズやアルビを中心に広がっていたカタリ派の地方的呼称と言われる。

カタリ派とは十二世紀に成立した中世における最大の異端の一つで、カタリとはギリシア語で清浄を意味する通り、彼らは清浄な使徒的生活を説きつつ、西ヨーロッパ各地を巡回、独自の教団的組織を作り上げた。その教義には善悪二神論的要素が含まれ、その点ではペルシアで生まれたマニ教にも通ずるところがあり、それゆえヨーロッパに復活したマニ教と見れば、これは異端ではなく異教ということになるが、「新約聖書」の言葉や教えに拘《こだわ》っており、儀典や慣行にも異教的要素は見出されず、やはり巨大な異端だったと考えられる。

アルビ派には他方、リヨンの豪商ピエール・ヴァルド（一一四〇頃―一二一七）が始めたヴァルド派と呼ばれる運動の影響も色濃くあったと言われる。ヴァルドは友人の急死を契機に回心、財産を捨て、貧民に施しをし、清貧の尊さを説いた。それは『福音書』の精神を尊重し、それに倣った生き方を勧めるもので、彼およびその同志たちは「リヨンの貧者」と呼ばれて尊敬され、しだいにヨーロッパ各地に影響力を広めていった。それゆえ宗教改革の先駆けとされる場合もあるが、その当時のローマ教会の地上的権勢、司祭たちの贅沢な暮らしなどへの強烈な批判となっており、教皇ルキウス三世から異端とされ、弾圧されていったのである。

以上の背景を踏まえて、この問題に関するミシュレの記述を見てゆこう。ミシュレはこうした動きを「十二世紀における宗教改革」と呼び、様々な民族や宗教運動が混在した南仏で、「**信仰と民族との大戦争が起こらざるをえなかった**」と述べている。そこでここでの宗教運動を「**一つの町の名によってアルビ派**」(ibid. p.266) と呼んだのだと。

そして多様な人々が混在していた南仏人にとって、

「**宇宙と人間とが同様に提示する矛盾を説明しているように見えたのは、ペルシア的二元論だった。複数の民族からなる彼らは、複数の世界を進んで認めた。(…) 良き神には精神が、悪しき神には肉体がといったふうに。(…) そしてローマ教会とならんでもう一つの教会が立ち上がっていた。その教会のローマはトゥールーズだった**」(ibid. p.271)

かくてトゥールーズがアルビ派の中心都市となるだろう。

信仰の名のもとの虐殺

ところでこの異端へのローマ教会側の対抗装置としてドミニコ会が設立された。またこの渦中で異端審問が新設され、長くヨーロッパで猛威を振うことになる。ただしドミニコ会登場までは、一一四五年の聖ベルナールの巡回以来シトー会が弾圧を担当したという。つまり一二〇八年教皇の使節がトゥールーズ伯の家臣によって殺害されたことから、教皇インノケンティウス三世が南仏への十字軍を布告。主に北仏の諸侯、騎士からなる十字軍が始まったのだ。この十字軍はシトー会士アルマリックの指揮のもと南仏の町ベジエを襲撃、市民全員を虐殺したという。

こうしたことを踏まえつつ、ミシュレの記述を眺めて行こう。南仏ラングドック地方では、

「ニンニクやオリーブ油やイチジクを食べていたが、これが十字軍の兵士たちにムーア人やユダヤ人の血の汚れを思い出させていた。彼等にはラングドックはもう一つのユダヤ

王国のように思われた。／十三世紀のローマ教会はこうした民族的反感を、自分たちから離れていこうとしていた南仏を、引き留めるための武器とした」

(ibid. p. 307)

こうして異教徒に対する十字軍が、異端に対する十字軍へと変質させられたのである。こういうことの説教をしたのはシトー〔フランス・ブルゴーニュの集落〕から来たベネディクト会士たちであった。

「ベジエを前に集結した軍隊は、シトー会の大修道院長と町の司教自身によって指揮されていた。司教は死罪にすべき者のリストを準備していたのだ。（…）唯一の難題は異端者と正統派の人々を見分けることであった。シトー会の大修道院長は言った。『全員を殺してしまえ』と。（…）犠牲者は何人かの人によれば六万人と言うことだが、他の人々は三万八千人と言っている。執行責任者シトー会の大修道院長はインノケンティウス三世への手紙で、控えめに二万人しか殺せなかったと認めている」

(ibid. p.316-317)

この例からして、当時、記録としての数字は、正確かどうかはっきりとはしないことが分かる。だがどの数字にせよ、ベジエで恐るべき虐殺が、信仰の名においておこなわれたことには間違いない。

「同じ人間」として

「アルビジョワの異端者たちは、このような血の海のなかで溺れさせられた。(…)自分が派遣した教皇使節が自分〔=インノケンティウス三世〕の名においてベジエで二万人を殺し、そしてフォルケ司教がトゥールーズで一万人を殺させたという報告が彼のもとにやって来たとき、はたしてこの大規模な処刑において、剣をふるったことが誤っていなかったと思えただろうか?」(ibid. p.334-335)

こう問うたあとミシュレは述懐する。「**ローマ教会はそこで何を得たのか? 果しもない憎悪であり、教皇には一つの疑念だ**」。そして続ける、「**一つの理念のために人間性を生贄にして、罰せられないで済むのか。流された血はあなた自身の心の中で抗議の声を上げるだろう、そしてあなたがそのために犠牲をささげた偶像を揺るがすだろう**」(ibid. p.335)。

そうなのである。神を敬い、神の教えを守って生きるという崇高な「理念」のために、それを認めない、ないし別のやり方でしかそうできないといった人々を、虐殺し、地上から抹殺するのが本当に正しいことなのか、正義の名に値することなのか。そういう疑念は、教皇の胸にもきっと起きたに違いないと推察しているのだ。

ミシュレは単に起きた出来事を描き出すだけの歴史家ではない。すべては地上で、人間の手によって引き起こされたものに違いないのだから、そこで主役を演じた人々（教皇だって人間だ！）の心中までも、同じ人間として眺め見ようとしている。

ところでアルビジョワ十字軍の戦いでどれほどの異端者が殺されたのか、その人数に関して、ミシュレの記述からはよく分からないところがあるが、筆者自身としては、やはり三万人ぐらいだと考えている。というのも、かつてアルビの町を訪ね、中心地にあるサント＝セシル大聖堂の、まるで要塞のような外観をみて驚愕したことがあったが、その近くにあった解説で、アルビジョワ戦争で三万人が死んだと記されていたのを覚えているからだ。その数に驚くとともに、死者の大部分はこのアルビの町の市民だったのだろうと思ったのだが、それは間違いで、多くはベジエかトゥールーズの市民だったのだろうと、上記のようなミシュレの記述からみて、今では考えることにしている。

異端（＝プロテスタント）への大弾圧の例として、次に、あまりにも有名なサン＝バルテルミの虐殺を見ておこう。

プロテスタントへの大弾圧——サン＝バルテルミの虐殺

十六世紀なかばのフランスでは、ジュネーヴに拠点をおいたカルヴァンに鼓舞された新教徒集団（＝ユグノー）が次第に力をつけ、自分たちの信仰が政治的にも公認されることを求めて動き始めていた。時の権力者カトリーヌ・ド・メディシスは、世俗権力による宗教的和解の道を模索し続け、表面的にはそれに成功したかに見えたが、じつはカトリック側は、王権によるそうした寛容政策に不満で、プロテスタントとの間での小競り合いが各地で起きる。

一五六三年五月、カトリック側の世俗面での指導者ギーズ公一派が、ヴァシーで日曜礼拝をしていたプロテスタントを襲い、七十四名を殺し百名余りを傷つけるという事件が起きる。これに激怒したユグノーは各地で武装蜂起、ここに宗教戦争（＝ユグノー戦争）が始まる。以後三十六年間、断続的に戦乱が続き、サン＝バルテルミの虐殺も生じた。

一五七二年八月のことである。両派の和解をもたらそうと、当時ユグノーの領袖《りょうしゅう》だったブルボン家のアンリ・ド・ナヴァールと、カトリックであるフランス王家のマルグリット・ド・ヴァ

《サン＝バルテルミの虐殺》 F・デュボワ画

ロワ姫との結婚式が、パリで挙行されることになった。プロテスタント側の指導者コリニー提督ら多くの新教徒貴族たちが、祝宴に参加するためパリに集結していた。そこに、「聖バルテルミ」の祝日に当たる八月二十四日の前夜から翌朝にかけて、ギーズ公一派が襲いかかる。これがこの虐殺事件の始まりである。

一般の史書にはこうした記述で述べられていることの出来事を、ミシュレはどのように描いているだろうか。

コリニー提督の暗殺

この虐殺はコリニーの暗殺から始まる。ミシュレは彼の人となりを大変素晴らしかったと述べている。コリニーが聖バルテルミの前夜に書いた手紙は、「**最**

コリニー提督

(François Clouet 画)

も偉大な人々は最も優しい人々であること、英雄たちの聖なる心には愛なるものがすべてあること」(Michelet, *Histoire de France*. E.E. IX, p.278) を示すものにほかならないと述べている。八月二十二日金曜日、コリニーは宿舎に戻る途中、銃撃される。「**一発の銃弾は、右手の人差し指を打ち抜いた。もう一発の銃弾は、左腕を貫通した**」(ミシュレ『フランス史Ⅲ』藤原書店、二〇一〇年、三八三―三八四頁)。

王(シャルル九世)にこのことが知らされると、王は調査を命じ、パリ市民に武装することを禁じた。コリニーは「**わたしの敵はギーズ家だけだ。しかし、わたしには彼等がやったというはっきりした確証はない**」とし、何人かの男たちが「**ギーズ家の者たちを刺殺すると提督に申し入れたが、彼はこれを禁じた**」(同、三八五―三八六頁)という。

二十三日土曜日、夜十時、真夜中に行動開始の決定が出たらしい。そして三時か四時、つまり二十四日日曜日の未明だった。ギーズ公の騎兵隊が王の使いだと名乗ってコリニーの宿舎の門をたたいた。門番は扉を開けると即座に殺された。

「**提督は音に驚いて起き上がると、ガウンを羽織って牧師に言った。『メルラン、私のために祈りをあげてくれ』。そして**（…）**付け加えた。『わたしは魂を主のもとに送るよ』**」（同、三九八頁）

「**部屋まで暗殺団が押し入ってくる。**「『**お前は提督ではないか？**』／**コリニーは落ち着いて彼に言った。『若いの、お前は怪我を負った年寄のそばに来ている。どのみちわたしはもう長くはない**』」（同、三九九―四〇〇頁）

相手の若者は、おぞましい言葉を吐きながら、「**手に持っていたとがった薪のような矛をコリニーの腹に突き刺した**」、と、コリニーは倒れながら次のように言ったという。「**せめてこれが人の子であったならば……このごろつきめが**」（同、四〇〇頁）。そして倒れたコリニーを暗殺者たちはめくらめっぽう殴りつけ、顔も誰だか分からないようにしてしまった。だがその首を切り落とし、王たちの所に運んだ。それは「**ローマに送られるために念入りに防腐処理を施された。ローマは、非常に長い間、執拗にそれを要求していたのである**」（同、四〇一頁）。

虐殺の拡大

暗殺がルーヴルに知れ渡ったとき、合図の教会の鐘が鳴り響いたという。「**これ以降どんなためらいも不可能になった。アルロージュ河岸の傍らの宮殿の鐘が鳴らされ町全体を虐殺へと駆り立てたのは、**（…）**陽が昇ってからのことだった**」（同）。

虐殺はパリ中に広がった。二十五日月曜日夕方になっても「**虐殺は続いていた。しかし王の意に反して、ギーズの名によってだった。**（…）**この最初の激発で殺された二千人のうち、六百人がコリニーの側近貴族とその召使いたちだ**」（E.E. IX, p.326）。

その間、ギーズの軍隊は教会関係者のところに投宿していたという。虐殺はさらに続く。しかし殺す方も疲れてしまうことがある。中休みがしばしば起きる。そんな時の一光景としてミシュレは次のように記している。

「**天気は素晴らしかった。太陽はさんさんと輝き、ひどい暑さになっていた。木々は八月の芽生えと呼ばれるあの季節遅れの成長を見せて、再び緑に色づいていた。イノサン墓地にはサンザシが一本あって、その花を見つけたと、かのコルドリエ修道会士が叫んだ**」

(ibid. p.327)

人間たちの醜い愚かな営みの傍らで、自然は超然と自らの営みを続けている。ミシュレの歴史記述の中には、こんなふうに、人間的次元を超えて存在する大いなる自然が、突如として姿を見せることがある。

パリでは復活祭の時のように、あらゆる教区で、教会の鐘という鐘が鳴り響き、「**喜びで飛び上がり、声を上げていた**」(ibid. p.328)。こうしてカトリック教会は総力を上げて人々を奮い立たせていた、殺人へと。

虐殺は再び始まった。いっそう凄惨な殺戮だった。

「今度は、隣人どうし、知り合いどうしの間で虐殺が行われた。一家をまるごと葬り去るために、そして未来の報復に対して先手を打つために、殺害の手は、女、子供、そしてこれから生まれる赤ん坊にまで及んだ。考えられないほ

ギーズ公アンリ

ど多くの妊婦が殺害された。ひとは彼女らの腹を割き、胎児を抜き出した。その子どもが生き残るのを恐れたのだ」

（『フランス史Ⅲ』四〇九頁）

ある赤子は「殺人者の腕に抱かれたとき、ニコニコしながらその男の髭を引っぱりだした」、とその野蛮人は「その子を串刺しにして投げ捨てた」。「食欲は食べてくると増してくる」（E.E. IX, p.328-329）ということわざ通り、殺すことが殺人欲を増大させていったのだ。ついにはカトリックの信者さえ殺される事態も起きた。要するに見さかいない殺人がひろがっていった。

「聖バルテルミは一日の事ではなかった。それは一つの季節だった」。十月三日にも二六四人が殺されたという。「こうした残虐さがあらゆるところに広がっていたとしたら、人間性なるものに絶望せねばならないだろう。幸いなことに、膨大な数のカトリックが聖バルテルミを憎んだのだ」（ibid. p.334）とミシュレは述べるが、「ローマではいくつもの祝典がおこなわれ、心からの喜びがみちあふれた。教皇はテ・デウム〔神への賛歌〕を謳った。そして我が息子シャルル九世に黄金のバラを送った」（E.E. X, p.13）と記すこともけっして忘れない。

宗教の名のもとになんという精神の荒廃があったのか、絶対的正義＝神の名のもとに、なんという愚行が繰り返されたのか。

アンリ四世、そしてルイ十四世

この惨劇を乗り越え、どうにかしてフランスを統一へと導いたのが、アンリ三世死後王位に就くことになったアンリ・ド・ナヴァールすなわちアンリ四世である。彼は「パリはミサに値する」として一五九三年カトリックへと改宗、首都パリへの入城を果たし、九八年にナントの王令を発し、様々な条件を設けながらも新教徒に信仰の自由を認め、両派の闘いを終結させた。だが一六一〇年、王は狂信的旧教徒によって暗殺される。

アンリ4世

当時の調査によるとフランスのユグノーはおよそ一〇〇万人、人口の一〇パーセントだったという。彼等はいろいろと権利を制限されながらも、比較的穏やかに過ごしていたようだ。だがアンリ四世の孫、ルイ十四世の親政が始まる（一六六一年）頃から、新教徒への迫害が顕在化する。絶対王政実現のため国家の統一が、そのためには宗教の統一が絶対不可欠だと考えられたからである。一六七九年以降、竜騎兵をプロテスタントの家々に宿泊させ、改宗を強要するなどの暴力的威嚇が激しくなった。最終的には一六八五年、フォンテーヌブローの王令でナントの王令の廃止が宣せられ、プロテスタント牧師の追放、そしてその教会の破壊が命じられた。

こうして地下潜伏を余儀なくされていった新教徒側には、南仏セヴェンヌ地方で抵抗し続けた人々がいた。いわゆるカミザールの乱である。

カミザールの乱

「ナントの王令」廃止による動揺

まずナントの王令の廃止（一六八五年十月十八日）によって、どのような動揺がプロテスタント側に起きたのか、そして竜騎兵による迫害の様子はどのようなものだったのか、ミシュレの記述から見てみよう。

「廃止の王令そのものが曖昧であった。それは礼拝を禁止し、牧師を追放し、子供をカトリッ

クにするというものだった。親については説明がなかった。内心については保留し、外にあらわさない信仰は尊重」（ミシュレ『フランス史Ⅳ』藤原書店、二〇一〇年、四四〇頁）しているように見えた。ところが翌十九日、「職工や貧民は即座に改宗せよとの命令が下った」（同）。さらに陸軍卿ルーヴォワは「新教徒対策にも竜騎兵を活用しようと考え、フランス全土に投入した。（…）オランダや、ウェストファリア地方、ライン川流域にも竜騎兵が投入され」（同）、残虐な被害をフランス内外の新教徒に与えていった。

「竜騎兵殿は（…）貴族だし（…）主君もいるし、従僕もいる。（…）人から恐れられることが無性に好きなので（…）悪魔だと言われることに必死になって拘る。（…）宿泊地に入り、そこが居心地のよい市民の家であると、まずご馳走をたらふく食うこと、見たこともないその富を存分に活用することしか考えない」（同、四四二頁）。

そしてその家の主人顔をして、「遠慮を知らず、からかい放題、なんでも折ったり、割ったり、壊すために壊す。（…）奥方の肝をつぶすために、タンスをこじ開けて倹約家の婦人の自慢の布地類を台無しにしたり、ネコババしたり」（同）する。

「子供の誘惑はナントの王令廃止の一五年前から始まっていた。（…）カトリックに」（同、四四四頁）子供たちを改宗させるためである。そして「一六八五年十二月に五歳の子供を新教徒

から奪うことを命じる恐ろしい王令が出た」（同）。そもそも当時の見方では、カトリックの祝福を受けていない結婚から生まれた子供は私生児（＝婚外子）でしかなく、子供たちを改宗させることが彼等を社会的に受け入れる第一歩と思われていたらしい。

プロテスタントの抵抗と暴力

プロテスタントの各家庭からは、必死の抵抗が起きる。

「**竜騎兵は**（…）**自由な意志から勇敢に抵抗する者たちに初めて出会った。兵士たちは面食らい驚嘆し憤慨した。**（…）**あらゆる非道を彼らは新教徒に加えた。捻られ、刺され、突かれ、竈で炙られ、焼かれ、窒息しそうになりながらも新教徒は耐えた。爪を剥がす者もいた。そのうち最も効果が大きかったのは、眠らせないことだった**」（同、四四五頁）

そうした非道な目に遭いながらも、裕福な新教徒たちは、宿泊させている竜騎兵の食事を提供していた（下層階級の新教徒たちは早々に改宗したから、竜騎兵は彼らの家からは立ち去っていたのだ）。彼等裕福な人々は「**もはや外出はゆるされず、苦しみも祈りも涙もあざ笑われる。しかし**（…）

魂は祈りや堅固な信仰を通じて再び立ち上がってくる。すると兵士は（…）様々な拷問を思いつ〔く〕（…）。ある女性はゆっくりと毛を抜かれたり、（…）藁で焼かれたりする。（…）燃える炭の上に裸で座らせたままつるす。（…）『しかし婦女暴行は禁じられていた』。悪い冗談だ。人が死ぬことになっても、罰せられた者はいなかった」（同、四四六頁）と当時の記録を引用しながらミシュレは語る。

こうしたサディスチックな態度は一般の兵士たちだけに見られたものではなかった。「将軍たちは、兵士によって裸にされて家から追い出され通りを走らされ小突き回される新教徒の女を見ても笑っていた」（同、四四六―四四七頁）。

さらにはルイ十四世の再婚相手マントノン夫人の言葉、「大きな善のためにはとるに足りない悪にすぎない」を紹介しながら、ミシュレは次のように述べる。

「一七九三年の恐怖政治のときは戦争中であり、敵軍を前にした困窮と飢餓の中で、無秩序ではあったが偽善的なところはなかったし、一六八五年の悪魔的な陽気さはまったくなかった。女性はギロチンにかけられたが辱められはしなかった。彼女たちは純潔のまま死刑台に上った。／（…）竜騎兵の（…）兵士たちはどうやって相手を丸めこむか、心を

いためつければ信仰を捨てさせられないかと考えた。そこで妻の目の前で夫を虐待した。その娘には恥知らずな暴行を加えた。母親を縛りつけて乳飲み子から離しておくことも行われた」

（同、四四七頁）

ここで言う「悪魔的な陽気さ」こそ、この時期の新教徒弾圧の特徴なのだろう。大義のためにならない、神の正義のためにならない、われらが神を認めぬ異端者たちを、楽しみながら笑いながら痛めつけて改宗させること、それは相手の肉体的生命を抹殺することなどと比べたら、「とるに足りない悪にすぎな」かったのだ。

立ち上がったカミザール

こうした冷笑的迫害に耐えきれず、ついに立ち上がった人々がいた。それが南仏のカミザールであった。

カミザールとは何か。この反乱の指導者（だった）カヴァリエが書き残した記録（カヴァリエ『フランス・プロテスタントの反乱――カミザール戦争の記録』二宮フサ訳、岩波文庫、二〇一二年）があるが、そこには次のように記されている。

反乱がおきた「地方の言葉では、シャツをカミーズという。そこからカミザールの名称が出たのである」(同、一九〇頁)。なぜなら反乱兵士たちは「たいてい二枚しかシャツを持っていなかった。着ている一枚と頭陀袋にいれてある一枚である」(同、一八九頁)。闘いで汚れたシャツは友人宅で脱いで洗ってもらい、新しいのを一枚もらって補充するということを繰り返していたらしい。そこで彼ら兵士たちにはシャツのイメージがついてしまったのだろう。

ところで先ほどカヴァリエのことを、反乱の指導者だったと紹介したが、それは彼が最終的には戦列からはなれてしまったからであり、その点では同じくこの反乱の指導者で戦死したロランとは、ミシュレの評価は異なっている。しかしカヴァリエのこの記録が、少なくとも反乱指導者だった頃の、反乱側の立場や考えを正しく伝えるものとなっていることは確かだ。彼は次のように書いている。

「セヴェンヌの民は、ルターやカルヴァンの宗教改革よりもずっと前に教皇庁の誤謬と腐敗に異議申し立てをしたことで有名な、かのアルビジョワとヴァルド派の子孫である」(同、四七—四八頁)。

宗教反乱として

この反乱は、飢饉等をきっかけとする農民反乱などではなく、百パーセント宗教反乱だったのである。ミシュレはそれをどのように書いているか。

「〔この反乱を〕ヴァンデ〔＝一七九三年、反革命の反乱が起きた〕と比べた人もいるが（…）滑稽な比較だ。ヴァンデの農民は迫害を受けたのでは断じてなかった。彼等は目隠しをされ、革命に楯突くよう仕向けられたのであり、革命はただ農民のためを思って対決したにすぎない。／ラングドック地方セヴェンヌの爆発は、完全に自然発生だった。（…）民衆のこの偉大な行動が計画された陰謀だなどと信ずることはできないはずだ。（…）彼らが行動したのは、悪が限度を超えたからなのだ」（『フランス史Ⅳ』四七九頁）

そしてミシュレは続ける。この地方を治めるために送られていたバヴィルは、「些かなりと〔新教徒への〕寛容な政策を提示すると、司教たちに手厳しくはねつけられることを（…）承知していた。聖職者たちのご機嫌を取り結んで取り入るためには、迫害を後押しする以外に他に手はなかった」（同、四八二頁）。

「バヴィル自身もラングドック地方長官という権力の座にありながら、聖職者に仕える執事なのだ。(…)／こういった聖職者の行為の中で私を身震いさせるのは、その異様な陽気さ」(同)だとミシュレは言う。「〈フランス人にして生まれつきの女好きな〉南フランスの聖職者たちは(…)、竜騎兵の精神」(同、四八三―四八四頁)を分かち持っていた。

たとえばデュイ・シェイラ副司教は「自宅の地下室で拷問を楽しんだ。男を拷問すれば女たちがやってきて、意のままにできるからだ。殉教の責め苦をうける夫の声が地下室の窓から響き、その声を耳にしながら、妻がむすめたちが、デュ・シェイラの毒牙にかかる。夫や父親の命を救うため、女たちが地獄落ちの罪を犯した。(…)これほどの代価を払って釈放してもらった男が、いつまた逮捕されモンペリエの監獄に送られるか分からなかった。女たちは劣情の魔の手に身を屈し、辱められ、絶望のどん底に突き落とされた」(同、四八四頁)。

さらにミシュレは言う、こういう光景を子供たちも見ていたのだと。「一方には冒瀆と両親の蹂躙、他方には恥辱と枯れることなき涙。はっきり言おう、家庭の地獄である」(同)。

子供たちと言っても、二十歳前後の若い彼等がセヴェンヌの事件の、その反乱の主役となるだろう。「一番年の若い者たちが、『正義』の鉄槌を求める声、宣戦布告の第一声を上げた」(同、四八五頁)。

まずシェイラ副司教を暗殺、反乱をおこす。ロランやカヴァリエに率いられたゲリラが、セヴェンヌの山々や平野を自由自在に掛けめぐり、神出鬼没の戦いを一〇倍にも及ぶ政府軍相手に行なったのがこの戦いの実相だ。

アルビジョワ事件と同じくセヴェンヌの事件も、徹頭徹尾宗教をめぐる問題だったと言える。

プロテスタントへの大弾圧

さらには、とミシュレは語る。

「民主的かつ大衆的なものであった。貴族はまったく関わらなかったからだ。事件は内政問題であった。セヴェンヌのひとびとが外国の支援を一つもうけなかったからだ。／激しくぶつかりあった文字通りの戦争は、わずか二年半、一七〇二年七月から〇四年十二月までだった」

(同、四八五―四八六頁)

「まとめ役、美男子で高潔で度量の広いロラン、蜂起には彼の理想があった。狂信の傾向はあったが、偉大で明敏で賢明だった。(…)余りにも有名なカヴァリエは十八歳の少年だった。(…)ジュネーヴで暮らした経験があり、学があり、狡猾で勇敢で、戦場では隊長となった。（…）／フランスがここまで偉大だったことはなく、ここまで恐ろしい姿をしたことはなかった。蜂起した人数が三〇〇〇を超えたことはなく、ロランもそれ以上を望まなかった。（…）／だが、この三〇〇〇の人々が四つの司教区を西に東に駆け回り、ある時には一〇万人以上（民兵を加えた数）を向こうに回して戦ったのだ」

（同、四八七―四八八頁）

政府側は一七〇三年一月になって、やっと民兵だけでは足りないと分かり、モントゥルヴェル元帥のもと正規軍を派遣する。そして、

「ニーム城門そばの水車小屋に火を放って三〇〇人のプロテスタントを焼き殺したのだ。この不幸な人々、男や女や子供たちは（…）外に飛び出す〔と〕一人残らず剣で突き刺され、再び猛火の中に投げ込まれる。ただ一人、幼い女の子が従僕に助け出された。二人を即刻、絞首台に送れとの命令。周囲の人間が言葉を尽くして嘆願し、ようやく女の子だけは助かった。モントゥルヴェルは正気を失っており、カトリック教徒まで殺した。サン＝バルテルミの虐殺さながらに、ニームのプロテスタントを皆殺しにしようとしたのである」

（同、四八八―四八九頁）

この反乱事件に関しては、ルイ十四世のところまで報告は行かなかったらしい。「**マントノン夫人にだけ報告し、彼女は彼女で自分が責任を持つからこのことは王様の耳にいれないように、と片付けた**」（同、四八八頁）とミシュレは言っている。マントノン夫人から見れば、正しい信仰へと魂を導くという「大きな善のために」は、誤れる魂を抱いているような肉体を抹消しても、それは「取るに足りない悪にすぎな」かったのだろうか。

続く非道な弾圧

その他さまざまな弾圧が、この地のプロテスタントに加えられた。この地の統治の責任者バヴィルは、法の裁きという体裁を取ろうとした。「**彼が判決文によって奪った人の命は、おおよそ一万二〇〇〇人にとどまった**」（同、四九二頁）。さらにはサン＝バルテルミのような虐殺が、ただし人へではなく、この地の家屋等、住環境への破壊が画策された。「**山岳地帯の村およそ五〇〇を破壊**」という作戦は、「**王の許可が下り、見事な熱意で実行され、一七〇三年十二月に完了した**」（同、四九三頁）。反乱をおこしていた連中は、荒廃させられてしまった山にこもれなくなり、山を下りて、平野でゲリラ戦を展開した。

しかししだいに内部の亀裂が生じ、カヴァリエが政府側に懐柔されてしまう。「**王に謁見がかなうという**（…）**希望が、カヴァリエの心を動かした最大の理由の一つだった。**／**しかし、カヴァリエには政府と交渉する権限も能力も全くなかった。上官にあたるロランは、政府に歩み寄るどころか、交渉を毛嫌いし、部隊を移動し、無人地帯へと登った**」（同、四九九頁）。

カヴァリエは和平を計ろうと努力しただろう。だがロランは「ナントの王令」を復活させ、その「王令」の定める保証がプロテスタント側に与えられない限り、政府側の美辞麗句に惑わされることはなかった。こうしてカヴァリエは戦列を去り、ロランは戦場で殺され、一七〇四年十月ついに反乱は終了した。

だがその後も十八世紀半ば近くまで弾圧は続いたらしい。だが、「**モンペリエで行われた車裂きや絞首刑、殉教者たちを焼き殺した火刑のことは、ここでは触れない**」（同、五〇二頁）として、ミシュレは「セヴェンヌの反乱」の章を閉じている。

「火刑」といった言葉からは、はるか昔、中世の魔女狩りが思い出される。狂気としか言えないような非道な弾圧、それがいともたやすく行われてしまう背景には、それが「絶対的な価値を担う理念ないし観念」によって支えられているものだと信じられているからだろう。人間の命よりも、はるかに尊重されるべき価値があるということなのだ。それはフランス史において、異教への、さらにはそれよりも激しい異端への憎しみとして出現したのだ。

そのいくつかの事例をここまで見て来たわけであるが、しかしこうしたキリスト教的一神教におけるものとは異なる事例も眺めておきたい。フランス革命期の恐怖政治の事例である。

3 フランス革命期の「恐怖政治」

膨大なミシュレの『フランス革命史』*の中から、ここでは一七九二年八月のパリ民衆による国王の住居テュイルリー宮襲撃と、それに続いて九月初旬に起きた反革命容疑者への大量虐殺のところを眺めておこう。

＊邦訳で読めるミシュレ『フランス革命史』には、上下二冊で中公文庫から出ているもの（二〇〇六年刊）があるが、これはかなり自由な抄訳で、ミシュレの思考の流れを正確には映し出していないような箇所がある。それゆえここではすべて、Michelet, *Histoire de la Révolution française I*, Bibliothèque de la Pléiade, Gallimard, 1976 を使用して訳出する。以下 H.R.F.I と略す。

多くの史書が語るように、それまでの社会は聖なる国王を中心に、貴族、僧侶、平民等種々の社会的集団の「階層秩序を正当化する文化的枠組みによって支えられていた。そもそも、カトリシスムの位階秩序においては、国王は、死すべき人間とキリスト教の神との間に位置しており、それゆえ神秘的で、なかば神のような存在であった」(世界歴史体系『フランス史2』山川出版社、一九九六、三三九頁)。

だが様々な社会的不安や不満が長年民衆のなかに鬱積しており、一七八九年七月、それが怒りとなってバスティーユ監獄への襲撃として爆発し、ここに革命が始まったとされる。

テュイルリー宮襲撃

ところで王妃マリー・アントワネットがオーストリア出身だったことから、この革命騒ぎを抑えるために、王を中心とする支配層が外国、特にオーストリアとひそかに通じて、反革命の画策をしているのではないかとの疑念が、早くからあったらしい。そこに一七九一年六月、国王一家がパリをひそかに脱出、国外へと出ようとして東部国境の町ヴァレンヌで見つかってしまうという事件が起きる。こうして国外逃亡に失敗した国王一家はパリへと連れ戻されるのだが、この事件を機に国王への不信や不満は一挙に高まり、ついに王宮への襲撃事件が勃発するのだ。ミシュレは次のように語る。

「一七九二年八月十日は（…）フランスの偉大なる行為だった。もしフランスがテュイルリーを奪わなかったなら、疑いもなくフランスは滅んでいただろう。／事はきわめて難しかった。言われてきたように〈下層民の群れによって〉なされたならば、絶対に成功しなかったものだ。しかし現実には民衆によって事はなされた。民衆、つまりすべての人々の混在する集まりによって。軍人もいれば非軍人もいた。労働者もブルジョワもいた。パリ市民も各地方から来た人々もいた」（H.R.F.I, p.967）。

こうした民衆によって王宮は解放され、国王一家は監視下に置かれる。これ以降王たちが外国勢力と手を結んで、革命を押しつぶそうとすることはできまい。これがテュイルリー宮襲撃の本質的意味であったという。この言葉に続く次の頁の注の中で、ミシュレは言う。

「繰り返しておかなければならない。八月十日にはいかなる首謀者もいなかった。皆が分かち持っていた義憤、長年みじめな状態にあることへのいら立ち、外国勢力が近づいていてフランスが裏切られているという感覚、それ以外何もなかったのだ。あのとき、ダントンも、サンテールも、他の誰であれ、あのような動きを決心させるのに十分な影響力というのを持っていなかった」(ibid.p.968)

不穏なものを感じてだろう。パリ市長ペティオンは「〈テュイルリー宮を守るために〉、前日の九日、カルーゼル広場に軍の野営地をもうけるよう求めた」(ibid. p.970)。だがこうした情勢下、そのような手だても余り意味を持たなかったらしい。国民兵〔=民兵隊〕はあらゆる種類の男たちからなっており、その時「俺たちの兄弟に向かって発射できるのか?」(ibid. p.976) と言って、一歩も動かなかったという。

「宮殿はすでに孤立していた。(…) 街全体が敵対的になっているか、あるいは中立的とはいえ親愛感をもってくれないようなものとなっていた。革命騒ぎは市役所で始まった。最初の血が流された」(ibid. p.977)。

ルイ十六世は宮殿を出て議会に向かおうとする。王宮を傭兵として守っていたスイス兵に、

カルーゼル広場での戦闘を描いた《テュイルリー宮殿の襲撃》

（Jacques Bertaux 画）

王妃が群衆に向けて銃を発射するように命じたという話もあるとミシュレは書くが、それはどうもあやしいらしい。というのも、その話を伝えているというスイス人将校は、その時現場にいなかったらしいからだ。

このように混乱を極めたこの時の様子を、ミシュレは書き残された資料や、実際に見たと言う体験談をもとに綴っているが、後から見ると細部では正確性を欠くところもままあるらしい。とはいえこの日の騒乱を、生き生きと目の前で見るように伝えていることには違いなく、そしてこの騒乱が意味するものを、大筋において正しく見定めていることにも間違いはないだろう。

むしろ銃撃されたのはスイス兵たちだった。

群衆が発砲する。「二人のスイス兵が倒れ落ちた。フランス人たちに当たることもなく」(ibid. p.982)。王宮を襲ってきた群衆は向こう見ずになっている。「こうした点でパリの民衆全体がいたずら小僧なのだ。しかしわずか十二丁の古い銃や槍や金串をもって、完全武装したスイス兵の軍隊と一戦交えようなどとはしていなかった」(ibid.)。

だが思わぬ混乱からスイス兵が銃を発射する。王宮の階段の上から下に向かってだった。その結果は「恐るべきものだった。こんなにも狭い場所でこれほどすさまじい虐殺が起きたことはかつてなかった」(ibid. p.982-983)。

群衆の怒りは最高潮に達する。彼らは王宮になだれ込む。「〈城が突破されたと知ったとき〉、これ以上もはや希望が持てなかったとき、王は、血の流出がこれ以上長引くことを避けようと望んだ」(ibid. p.986)とミシュレは言うが、事態はしかし先へ先へと進んでしまう。人々は王宮の奥へと扉を一つ一つ破りながら突き進む。襲撃者の一人サンギエの証言をミシュレは伝えている。

「王妃の部屋に入ったとき、彼は群衆が家具をぶち壊しているのを、そして窓からそれらを放り投げているのを見た。貴重な絵で飾られた壮麗なクラヴサンも同じ運命をたどろうとしていた。サンギエは時を移さず〈ラ・マルセイエーズ〉を歌いながら、それを弾き始める。するとその瞬間、そこにいた、怒り狂った血に染まった男どもが全員、激怒を忘れ、クラヴサンの周りに整列し、声を合わせて歌い、丸くなって踊り始め、国歌を繰り返し歌い上げるのだった」

(ibid. p.988-989)

この時期「ラ・マルセイエーズ」はまだ国歌にはなっていなかった。こうした一種時代錯誤的表現もミシュレには、ままある。彼にとって大切だったのは、客観的な正確な事実の伝達以上に、その場の出来事の生き生きとした再現、そこにいた人々の心の躍動、そういう意味での過去の復活ということだったのだろう。そして繰り返す。

「いいや、この八月十日の勝利者たち、あれほど雑多だったあの群衆は、何度となく言われてきたようなごろつきや野蛮人の一団ではなかった。それは民衆全体だった。疑いもなくあらゆる社会階層、あらゆる性質、あらゆる性格の者たちが出会っていたのだ。(…)こうした危機に初めて直面したそれらの男たちに、その襲撃者たちの心の中で、人間味あふれた感情は決して消えることはなかった」

(ibid. p.989)

九月虐殺

このテュイルリー宮襲撃事件の後、八月十三日国王一家はタンプル塔に監禁され、やがて九月二十一日王政廃止、翌二十二日共和政樹立宣言と、ことは目まぐるしく展開していくが、その前の九月二日から武装した群衆がパリ市内の監獄を襲って、受刑者たちを大量虐殺するという事件が起きる。

八月末、東部の町ヴェルダンがプロイセン軍の手に落ちる。共和政を打倒しようとするプロイセン軍が、もしもパリへと到達すれば、まず革命派によって収監されている受刑者たちを解放し、革命派を大量虐殺する計画だというううわさが広まっていたのである。

ミシュレは八月十日の事件を起こした人々の信条を「**深い怒りの火山**」(ibid. p.990) に喩えており、それを計るのは容易なことではないと言っている。そう、地の奥深い底の方から湧き上がってきて爆発する怒り、これが良きにつけ悪しきにつけ、フランス革命を動かして行ったのだろう。そのような怒りとは、いったい何だったのだろう。

司祭、修道女らの殺害を描いた版画。1792年9月2日

「〔十日以降も〕若者たちがまた槍をとって、殺すためにまたパリに戻って来ていた……いったい誰を、何処で、どうやって殺すのか？ それが問題だった。彼等はスイス人将校たちのいる大修道院へと行こうとしていた。また国民議会へ行こうとしていた。そこは一五〇人のスイス兵の避難所となっていたのだ。これらの兵士は意に反して発砲したのだと若者たちに説明しても無駄だった。ある兵士たちは空に向けて発砲したのだし、たとえばヴェルサイユから連れてこられていた兵士たちは、あの戦いの時刻にその場にいなかったのだと説明しても」

(ibid. p.1002)

これが八月十一日から九月二日にかけて情景だっ

た。恐ろしい光景も生じた。「二十一日夕方、カルーゼル広場で、一人の王党派がギロチンにかけられた」（ibid. p.1012）。「二十五日夕方、カルーゼルで、一人の王党派の誹謗文作者がギロチンにかけられようとしていた。その時テュイルリーでは、八月十日の死者たちを祀る国民祭の準備が一心になされていた」（ibid. p.1013）。

このような情勢のもと、なぜあのような虐殺が起きてしまったのか。その背景を分析するミシュレの筆致は、ある意味まことに見事だと言えよう。よしそれが一つの仮説でしかないとしても、その仮説によって、多くの歴史事象が（その後の歴史を含めて）理解可能となるように思われる仮説なら、耳傾ける価値があるのではないだろうか。

九月虐殺を語る直前ミシュレは考察する。

「この時期を探れば探るほど、民衆の心の中でひらめいていた想いの底に、漠然とあったものが何だったかを探れば探るほど、実際のところ、それはいささかも復讐といったものではなく、正義が辱められているという根深い感覚だったことが見出されるだろう。それは圧政者たちへの並はずれた挑戦であり、永遠の権利からの当然なる義憤だったのだ」
（ibid. p.1022）

こうした心情のもと、九月虐殺は起こるべくして起きたのだろうか。ミシュレは次のように語っている。

「こうした虐殺への誘惑に、もう一つの観念が結びついた。諸民族のごく原始的な時代にあって、つまり太古の時代から、何度となく見出される野蛮で幼稚な観念、激しい徹底的な道徳的浄化という観念が、である。悪の絶対的根絶によって世界を健全化しようという希望である。

コミューンはこの点で民衆感情の代弁者となっており、単に貴族階級の人々だけではなく、詐欺師たち、賭博士たち、やくざな連中も逮捕するだろうと宣言したのである。虐殺は、ほとんど注目されなかったが、貴族たちがいた大修道院やフォルス監獄以上に、盗人たちがいたシャトレ監獄のほうでより多く起きていた。道徳的浄化という絶対理念（idée absolue）が、彼ら〔コミューン参加の人々〕の多くに、良心の恐るべき平穏さと、何一つ容赦しないというぞっとするような几帳面さとを与えたのだ」

(ibid. p.1033)

九月二日からパリのいくつもの監獄を襲って引き起こされた虐殺は、確かに一般の犯罪者たちのほうが政治犯以上にターゲットにされてしまった。その理由をミシュレは右のように理解したのだ。

むすび――「絶対理念」が他の排除につながる

ところでここで訳した「絶対理念」という語は、「絶対観念」とも訳せる言葉である。これがどういうことを意味しているかを考えると、おそらく次のようなこととなるだろう。自分にとって価値ありと信じられる何らかの理念ないし観念を絶対化し、つまり自分以外の他者もまた全く同様の価値観を持つべきものだと断定し、そうした価値観を共有しえない者たちを、決定的に許せなくなってしまうという、そのような物の考え方をもたらす理念ないし観念なのだと。つまりこうした理念ないし観念を、絶対的に守るべき価値として盲信し、それにのっとって自らの行動をなすようになるのだ。

ミシュレが語っている八月十日の王宮襲撃は、こうした理念を抱いたジャコバン左派（モンターニュ派）の、指導した蜂起コンミューンが中心に引き起こされたものだが、彼らの意識の中で、革命の崇高な理念への背反や侮辱や汚辱は、断じて許せるものではなくなっており、そうした気高い理念を踏みにじるような行為は、悪以外の何ものでもないと感じられていたのだろう。だから自分たちと一緒に、そうした理念の示す崇高な理想に向かって歩んでいけないような連中は、悪しき人々として抹殺すべきだと考えられたのだろう。このような心性のもとに虐殺は起こり、そしてそれは翌九三年の恐怖政治へと連なっていったのではないか。

清廉潔白の士ロベスピエールのもとで、少しでも汚れが疑われた人々が次々とギロチンの餌食となって消されていったが、その裏には、こうした「絶対理念」への信があったのではないか。多くの民衆は、それとは異なる心性のもとに立ち上がり行動してきたはずだったのに、革命の最終段階では、そういった極端な信念に捉われ、ひたすら過激化したコンミューン一派による恐怖政治の実現を、許してしまうことになったのだと思われる。

ミシュレの言う「絶対理念」という言葉から、そうしたことさえ推察される。だが顧みるに、こうした理念ないし観念をもって、自分たちの信じるところに依拠して、汚れある者を排除し、絶対的悪と見えるものを抹殺しようとするのは、ここまで見てきたフランス革命以前の動き、キリスト教から見ての異教や異端を徹底的に根絶しようというああした動きと、まさしく通底するものではないのか。否、むしろそうした一神教の絶対神を信じる宗教にこそ、信じるべき「絶対理念」があるはずであり、その名のもとに、それを錦の御旗として、多くの人々を裁き、虐待し、排除し、抹殺して来たという歴史的事実が存在するのではないか。

これこそとりわけ宗教の歴史にあって、しばしば見られた問題だったはずだ。その点ではフランス革命も、一種宗教的な動きと言えるかもしれない。ミシュレは『革命史』の中で、「革命は宗教革命なしでは何ものでもなかった」という一章を設けてさえいる。

「絶対理念」を振りかざしての異端的なものの排除、それは一見宗教とは無関係と思われる運動体の中でも、しばしば見られることだ。フランス革命以降の近代史のなかでも、たとえば社会主義運動のようなところで、路線対立による対立、追放、粛清といったことがしばしば起きた。二十世紀のソ連等の共産党内で、あるいは日本でも過激化した学生運動のなかで。つまり宗教非宗教を問わず、「絶対理念・観念」のもとで多くの命が消されてきたのが歴史だったのだ。

自らと異なる信念をもつ者を排除、抹殺、根絶しようといった、こうした心の有り様をどうやったら克服できるのか。それこそがミシュレの課題の一つとなってゆくだろう。彼は歴史家として、また思想家として、その問題を考え続けたに違いない。以下、そうした営為の一端を眺めていきたい。

II

「不寛容の時代」への言葉

魔女たちは助産婦だった。魔女たちだけが女たちを観察することができたのだし、女にとって、唯一無二の医者だったのである。

（本書九三頁）

フランス革命期の絶対理念による暴走は、革命そのものの真の理念からの一時的逸脱に過ぎず、この種の絶対化する理念の恐ろしさは、宗教にこそ（もちろん一神教的絶対神への信仰が主な対象となるだろうが）固有に現れる現象だったとも言えよう。

それゆえ、こうした理念を共にしえない他者を徹底的に裁き、完膚なきまでに弾圧するといったあり方をどうやって乗り越えるか、それはミシュレにあって、まずなによりもキリスト教をめぐって考察されたと言えよう。それは、カトリックに対するプロテスタント擁護といった狭く小さな次元ではなく、キリスト教（的なもの）への反抗自体として行われたように考えられるのだ。

1　自然を見出した女たち――『魔女』（一八六二）を読む

絶望から生まれた魔女

そうしたことを最もよく示す事例、作品が『魔女』（一八六二年発表）のように思われる。ここまではフランス史の中で起きた出来事の順に眺めてきたが、それはまたミシュレの筆によって書かれ発表された順でもあったが、ここからは問題として扱われているテーマの順に眺めていきたい。魔女の問題は（世界的に見れば十九世紀の初めごろまであったろうが）、主要なことは中世時代に起きていたので、まずこの作品から検討していきたい。*

*なおこの作品には邦訳がある。ミシュレ『魔女』上・下、篠田浩一郎訳、岩波文庫、一九八三年である。以下この邦訳を使わせていただくが、一部手を入れた箇所もある。なお筆者自身で訳した箇所は明記する。

『魔女』という作品は、十九世紀後半のフランス社会にあっていまだ厳然たる力をもっていたカトリック勢力から、大いに睨まれる恐れがあったらしく、出版を引き受けてくれる出版社がなかなか見つからなかったらしい。パリでは一八六二年十一月十五日試し刷りとして二部を出してもらえただけで、やっと翌年二月ブリュッセルのラクロワ社から本格的に出版された。六二年十一月八日、ミシュレは日記に書いている。

「わたしはこんなことを感じていた。親友たちもまだはっきりとは達していない新しい局面にわたしは踏み込んだのだ。ディドロやヴォルテール、ゲーテといった先達がとても効果的にそれをなしたように、わたしも〈キリスト教の〉(暫定的な)〈死を宣言する〉という新たな状況に身を置いたのだ。(…)キリスト教精神のいくつかの面は(優れたものであり)いつか再生するだろう。それを期待しつつ、キリスト教はまず、死ななければならない。罪を贖わなければならない」

(ミシュレ『民衆と情熱Ⅱ』大野・翠川訳、藤原書店、二〇二〇年、一一二五頁)

試し刷りの出る一週間まえ、何でこんなことを思わなければならなかったのか。それは『魔女』の冒頭部、その「序の章」を見るだけで分かる。そこには次のように書かれている。

「『魔女』はいつの時代から始まるのか。わたしは、ためらうことなく、それは『絶望の時代からだ』と言おう。／ローマ教会の世界が生んだ深刻な絶望から生まれたのだ。わたしは、ためらうことなく、〈『魔女』はローマ教会が犯した犯罪である〉と言おう」

（訳書・上、一九―二〇頁）

こんなことを書けば、犯罪者呼ばわりされたローマ教会が黙っているはずはないだろうと、誰しも、そうミシュレ自身でさえも覚悟したのではないか。しかし現実には出版禁止などの措置は取られなかった。しかし多くの善良な信仰厚い人々からは、危険な書とみなされるようになろう。そして著者ミシュレもまた要注意人物として。社会的にそういった扱いを受けることも覚悟して、彼がこの書で訴えたかったこととは何か。

なぜ「魔女」は生まれたか？

『魔女』は二部に分かれている。「第一の書」（翻訳書の上巻）は、いうなれば一人の女がどのようにして魔女になってしまったのか、まるである不幸な女の一生を描くように、そう、一篇の小説のように語られている。それに対し「第二の書」（翻訳書の下巻）は、歴史上ヨーロッパ各地で行われた魔女裁判（その多くは十七世紀にあった）の実態を描いているものだ。それゆえこの書を歴史書として見なすことももちろん可能であり、事実下巻の末尾に置かれた、ミシュレ自身による「覚え書きと解説」（Notes et Eclaircissements）の中には次のような言葉もある。

「十三世紀にはいっさいが異端だった。十四世紀にはいっさいが魔術であった」
（訳書・下、三一〇頁）

ローマ・カトリック教会が目の敵にする対象が変わったということ、つまり魔女が増えたのは十四世紀からだった、と述べているのだろう。「**ヴァルド派の虐殺で富を積んだ貴族たち**」（下、九六頁）といった表現もあるし、上巻には次のような注目すべき言葉もある。おそらく十字軍によってであろう、「**人びとが破壊し去ったと思っていたアジアから、たぐいない黎明が突如現れ、その輝きは遠くまで達し、西方の深い霧のなかにまで突入する。無知のために『中近東《オリエント》』は呪われていたけれども、じつは自然と技術の世界であり、それがいまや前進を始め、**

（…）**かつての征服者たちを征服するのである。（…）人びとの欲するのは、アジアから渡来するもの以外、何ひとつない**」（訳書・上、一六二頁）。

十字軍によってオリエントを侵略していた頃、じつは科学や技術の点で、かの地はヨーロッパよりもはるかに進んでいたということを、はっきりと述べている箇所である。こういうところからも『魔女』が立派な歴史書であるということが分かる。

しかしこの書の最も特異な点は、あの中世時代に魔女がどうして生み出されてしまったかを、まるで小説のようにして語る「第一の書」にこそあると考えられる。それゆえここでは主にそちらの方（＝訳書の上）を眺めてゆこう。

ミシュレの見方の根底にあるものを、訳者の篠田浩一郎は次のように語っている。これによって、ミシュレの問題意識の中心が明快に理解できよう。やや長くなるが篠田の「解説」を引用する。

「中世の封建社会では、男性の農奴がすでに人間として認められていない疎外された存在である。とすれば、すくなくとも現在に至るまで、多くの社会でそうであったし、またそうであるように、女性が男性中心の社会から多かれ少なかれ疎外される存在であるかぎ

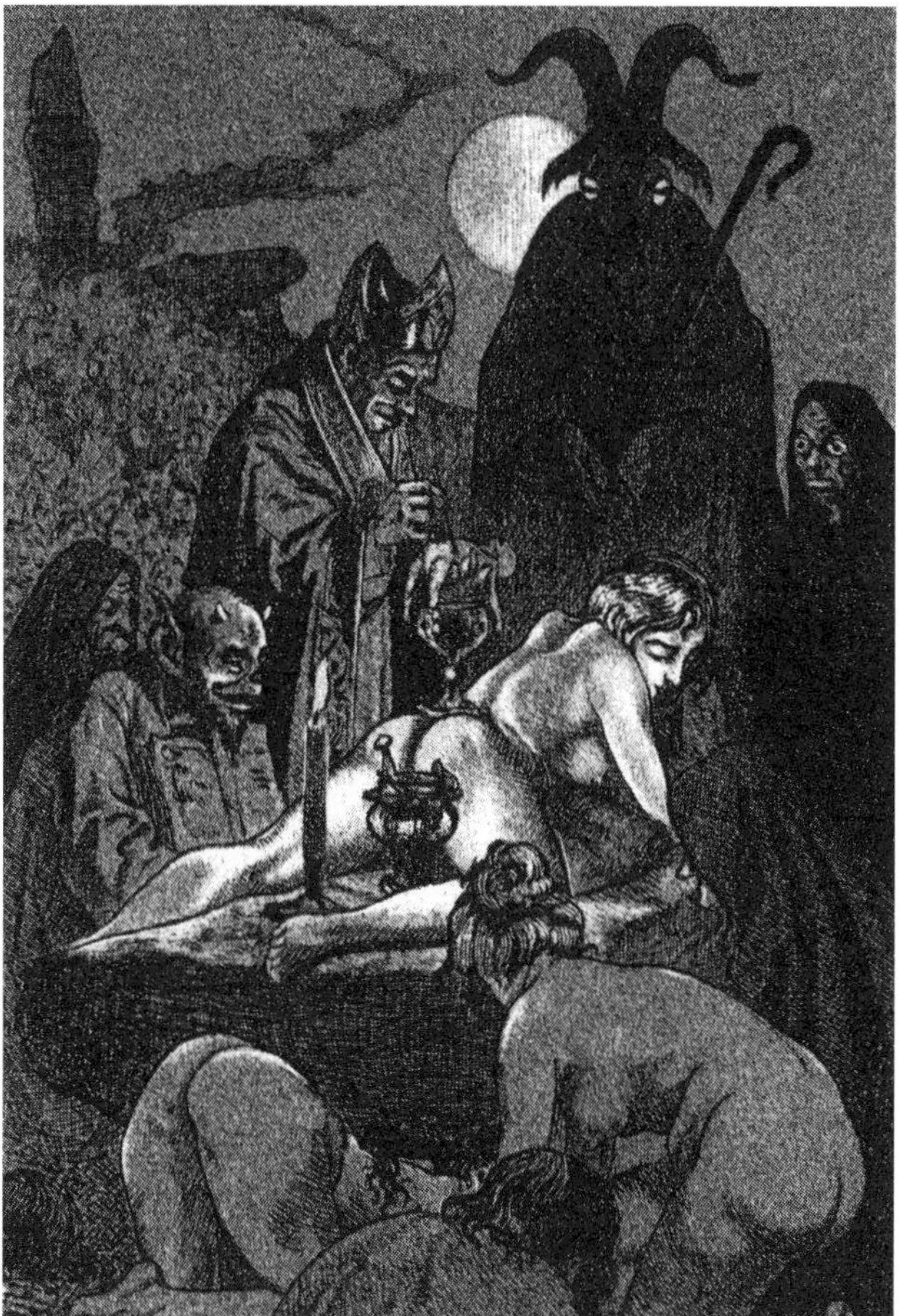

Martin Van Maële による『魔女』挿画

(Jules Michelet, *La Sorcière,* Paris, J. Chevrel Libraire, 1911)

り、農奴の女は農奴の男によってさらに疎外される存在である。悪魔をなかば受け入れることによって無力な農奴の夫を救った農奴の妻は、領主の家来たちから辱められ、やっとのことでたどりついたわが家から、その夫によって閉めだされる。このときはじめて、ミシュレによれば、真の魔女が生まれ、彼女と〝悪魔の契約〟が結ばれることになるのである。妖術に通じたひとりの男にたいして一万人の女が、魔女がいたという事実の指摘はやはり、女性が社会によって二重に人間性から疎外されていた事実に由来するものであろう」

（上、三〇六―三〇七頁）

この解説をまず踏まえておくことで、ミシュレの本文がよく分かるようになるだろう。つまり魔女の誕生には、封建制度下での非人間的システムがあったことが考えられるのだが、魔女が魔女として断罪される背景には悪魔が存在しなければならず、悪魔とはあくまでもキリスト教的世界観を前提としてしかありえないものだとすれば、この問題が信仰内部の理念ないし観念と深く一体化したもの、そしてそうした信仰の描き出す世界観に裏打ちされた封建制度に基づいて出現したのだということは、言うまでもないことになるだろう。こうした理解のうえでミシュレを読んでゆこう。

領主は農奴から妻も取り上げる

魔女は絶望の時代から生まれたという言葉を紹介しておいたが、絶望こそがヨーロッパ中世の封建性を彩ることになっていた。

「**いったいいつお城から落ちてくるかもしれない突発的な侮辱にたいする日頃の恐怖、待機状態**（…）。／**封建制には、まさしくこの時代の地獄を成すふたつのものが含まれていた。一方には〈極度の固定性〉があり、人間は土地に釘づけにされ、他の土地への移住は考えられないことであり、——他方には、人々の身分のきわめて大きな〈不安定性〉があった**」（同、九一頁）

領主は、自らの土地で働く人々、農奴たちから思いのままに何でも、取り上げることが出来るようになっていた。農奴の家族にたいしては数知れぬ虐待行為が行われた。すると「**人間は神の不在を感じていた**」（同、九六頁）ということになる。そしてミシュレは言う。

「将来こんなことは容易に信じられないだろうが、キリスト教徒の国民のあいだで、その法律は、古代の奴隷制のもとでさえけっしてなしたことのないものをなしたのであり、はっきりと、およそ人間の心を傷つけうる最大限の血まみれの凌辱を権利として記したのだ」

（同、九七頁）

「聖職者の領主たち、修道僧の領主たち、その他の者のふるまいは、『ウード・リゴーの日記』（最近公けにされた）を読む者を戦慄させる。そこに見られるのは、放縦きわまる野蛮な乱行の、思わず目をそむけさせる描写なのである。修道僧の領主たちはとりわけ尼僧院に殺到するのを常とした。聖王ルイ〔一二一四？―七〇〕の告戒者で、ルーアンの大司教である峻厳なリゴーは、彼自身でノルマンディー地方の状態について調査を行なっている。毎夕、彼は新しい修道院に到達する。（…）彼が見出すのは、この修道僧たちが（…）べろべろに酔っ払い、決闘を好み、（…）猛り狂ったように狩猟に熱中しているという事実だ。尼僧どもは彼らと相手かまわず夫婦きどりで暮らし、いたる所、修道僧たちがしでかしたものを腹に宿している」

（同、九四頁）

当時教会も多くの土地を所有しているのが普通だったから、修道僧の領主といった者もごく普通にいたのである。俗界の領主たちとあまり変わらぬ生き方をしていたのだろう。『青ひげ』のような恐ろしい話は、疑いもなく真実に基づいているはずだとミシュレは言う。そして城も修道院と同じように、男ばかりが居て、女っ気がひどく少なかったはずだと。

だが「**封建時代のいずれの慣習法も、たとえあからさまにのべていなくとも『結婚した女が城に登り、婚礼の料理』を持参することを強制している。こうして、恥知らずでまた何の拘束もない独身者の猟犬の群れのなかにこの女を放りこんで、彼らのなすがままにさせる**」（同、九八―九九頁）ことになったという。

若い夫は妻を連れてお城に行くという情景から語り始めて、ミシュレはこの二人が、城の者たちによってどのような凌辱を受けるかを述べる。それは決して想像力にまかせて作り上げた話などではあるまい。若い夫がそれなりの貢物をすれば、新妻とともに無事に城から家に帰れたらしいが、しかしそういった莫大な貢物ができる者などまずいなかったという。

また城には奥方がいるから、ブレーキ役になっていたはずだといった見方も、間違っているという。領主の夫が留守の間には城を維持、家来どもを指揮している奥方は、優しい心根などないのが普通だった。「**きれいな農奴の女にたいしてはとりわけそうだったにちがいない**」（九九頁）。そこでこの機に、部下の男どもが楽しむだけ楽しむさまを、見て見ぬふりしただろうというのだ。

城の下僕やお小姓たちは、十分な払いのできぬ農奴の男を、けちな野郎めとまず拷問し、慰み者にする。そして男に言う。「**おまえの女房をとり上げるわけではない。今晩返してやる。そして、この上ない名誉として、はらませてやるぞ！**」（同、一〇〇頁）。

こうした文章に付けた原註のなかで、ミシュレは次のように述べている。「**ひとが安心しきって凌辱を加えるのはつねに下等の者、弱い者、みずから自衛の手段をもたない者にである**」（同、一〇一頁）。

さらには、こうしたことの行われる場では「**神の不在**」が感じられたし、「**サタンの君臨が証明された**」（同、九六頁）のだということも。

ここで紹介されている事象は、いわゆる初夜権、つまり領民の結婚に際し、花嫁はまず領主（俗人、聖職者のどちらであれ）のもとに出向き、最初の夜を領主と共に過ごさねばならないという慣習と、同じものを意味しているのだろうか。多分その一種、変形ということだろう。

ミシュレは、中世時代の多くのコント類に、「**まるでけもののような扱いを受け、懐妊の怖れにさいなまれながら、女はそのためにかえって幸福で、恍惚としている、と信じさせようとする**」（同、一〇二頁）といった話が多いことを指摘、その欺瞞性を告発している。彼はこうした下層民の女たちの、底知れぬ絶望感へと思いをはせるのだ。

地獄という隠れ家

そして語り出す。歴史家としての筆致ではなく、まるで文学者のようにして。「**哀れな女は、夫の留守の間に不当な扱いを受けたすぐあとで、おのれの長い髪の毛をかき上げながら、涙を流して声高に言ったものだ**」（同、一〇三頁）と。女は自分を庇護してくれるものを呼び求める。

森に住む聖者と言われる人たちもだめだ。聖なるものはキリスト教の専売特許で、けっして味方などではないと思っていたからだろうか。そうではなく、昔から森や野原に住んでいたという精霊たち、キリスト教以前にヨーロッパ各地で信じられていた昔の神々の末裔たちに、彼女は救いを求めることしかできなくなるだろう。「**悪性のものだってかまわないわ！**」（同）と女は思う。「**わたしにはもうなんにも残っていない。――ええ、こんな体なんか！**（…）**なぜわたしには、何の役にも立たない妖精**（Follet）**の代わりに、偉大な、権力のある、『精霊**（Esprit）**』がついていないのかしら**」（同、一〇二頁）。

こうして女は悪い精霊にさえ、すがろうとするようになる。悪魔と手を結ぶ寸前にさえなっている。それは自分の受けた体験を乗り越えたいからでもあろうが、それのみではないとミシュレは言う。

「**絶望にまで至るのは、ほとんどの場合、〈不幸な者ではない〉。そうではなくて、それは〈悲惨な者〉、おのれの悲惨さを完全に自覚しており、それだけいっそうそのことに苦しみ、いかなる償いも求めていない者である。（…）それは十四紀の人間、不可能なものを差し出せと要求される**（たとえば年貢を金で払えと）**人間である**」（同、一一〇頁）

つまり十四世紀になって、萌芽的なものにせよ資本主義的システムが発生し、金によって年貢の支払が要求されるようなことになり、それが出来ずに追いつめられる人々が出始めた。そういった社会の変質も、悪魔と契約しようという女たちの出現の背後にはあったらしい。「**地獄そのものが、この地上の地獄に対する一種の隠れ家に、一種の逃避の場所に見えたに違いないのである**」（同、一一一頁）。

地上では出口なしの状態に追い詰められていたのだ。キリスト教の指し示す天国が、自分たちを凌辱する人々の専有物なら、せめて地獄しか、すがるところはないではないか。我が家からも、夫からも締め出された女、ミシュレが描く女は、「**ひとの見棄てた荒野にきていた。そ**

れは或る森のほとりだった」(同、一三四頁)。するとおそらく悪魔だろう、声を掛けてくるものがいた。

こうして悪魔の手におちた、あるいは悪魔と契約した女、魔女が誕生する。「**フランス西部の国ざかいの諸地方で**（…）、**自然とのいっそう深い結託、いっそう偉大な医薬と毒薬との浸透**」(同、一四三頁）が起きていたとミシュレは語る。

自然のもとで生きる「魔女」たち――民間医療と産婆

大いなる荒れた自然、その中で彼女は生きるだろう。「**ほとんど狩りをつうじてしかひとが識らない鳥たち、動物たち、このすべてが、この女と同じ、世間から追放された者**」(同、一五九頁）だったのだ。そうした生き物たちは、同じ運命をもつ自分の仲間に他ならなかった。女はこうした者たちと心が通じあうようになろう。

さらには荒野に生えるさまざまな植物たちとも。こうして「**サタンは女の掌《てのひら》に、知識と自然の成果をゆだねる**」(同、一六二頁)。

「**初期キリスト教徒たちは**（…）**過去においても、未来においても、『自然』そのものを**

のろっている。彼らは『自然』全体を断罪し、そのあげく一輪の花のなかに肉体のかたちをとった悪、悪霊をみるところまでゆく」（同、三八頁）

彼ら初期キリスト教徒にとって、理想は「地上の都市という都市から神の都市だけしか生き残ることができないだろうという希望」（同、三九頁）だったのである。つまりこの世のすべてよりも神の世界こそが重要だったから、それを優先すべきだというのがキリスト教だった。そこから自然への蔑視ないし無視といった姿勢が生じる。自然に魅惑され、それとともに生きようという姿勢は、少数の例外を除いて、悪魔のものとされていた。それこそがキリスト教一色に染められていた中世時代の特質だった。

「この女、人里はなれた土地に住み、絶望と結婚したこの女は、憎悪と復讐とに養われているのに」、周りの植物たち、「このすべての無垢のものたち」から微笑み掛けられる。「あらゆる野の草々が、そのさまざまの効力《ききめ》、香り、薬効または毒素（きわめてしばしばそれは同じことだ）とともに身を捧げ、彼女に向かって言う、『私を摘んで下さい』と」（同、一六六頁）。

ここから民間治療をする魔女が、産婆役さえする魔女が生まれてくるだろう。病から癒えたいと願う「人びとは、神聖なものとされていた古い医学を見捨て、役に立たない聖水盤を見捨てた。人びとは魔女のもとにいった」（同、一七六頁）。

「魔女たちはいたるところで助産婦だった。（…）魔女たちだけが女たちを観察することができたのだし、とりわけ女にとって、唯一無二の医者だったのである」（同、一七八—一七九頁）。

というのも、「普遍的生命というすばらしい怪物が、女の体内に呑みこまれてしまったからだ。言いかえれば、このとき以来、生あるもの、死せるもの、そのすべてが女の腹わたのなかに根を下ろし、（…）女は『自然』を胎《はら》んだのである」（同、一七〇頁）。

すなわち魔女の力は大いなる自然との一体性の中から、必然的にもたらされるものとなったと言えよう。

「中世」を告発する

こうした医学的なものが、いったいどのようにして人々のもとへ達したのか。キリスト教的な「神聖な世界」の行なっているところと、逆のことを正確に行なわなければならないという、偉大なサタン的原則のきわめて単純な結果をつうじてである。「神聖な世界は毒薬にたいする恐れを抱いている。ところがサタンはそれを使用し、毒薬を薬品に変えてしまう」（同、一八五頁）。

ところがローマ教会からは、「**魔女の医学は呪われたものとして審判され**（…）**医薬は毒薬として罰せられた**」（同、二一八頁）。おもに一三〇〇年以降、起きたことだという。

ローマ教会は「**精神的手段**（秘蹟、祈禱）**をつうじて、肉体にさえ働き掛けることができると信じている。ところがサタンはさかさまに、物質的手段を用いて、魂にさえ働きかけることが出来ると信じている**」（同、一八五―一八六頁）からである。

サタンの弟子魔女たちが行うこの薬物療法によって、精神を鎮めることとさえ可能だとしたら、これはもう、ほぼ近代医学ではないか！

魔女はサタンの女版であり、同一視してよいだろう。だからミシュレの次のような言も出てくるのだ。

「**魔女たちが行なう最大の革命、中世の精神に反抗する〈さかさまの〉、最大の一歩前進、それは、腹の、つまりさまざまな消化機能の名誉回復と呼ばれるべきものだ。魔女たちは大胆にも公言する。『この世には、何ひとつ不純なものはなく、何ひとつ不潔なものはない』と。物質について研究することは、この時を境に、制限をとり除かれ、解放された。医学は可能となった**」（同、一八八頁）

これはもう中世的な世界観ないし世界像を超え出てしまうことではないか。

ミシュレは中世的なものの見方・考え方を次のように断罪する。中世は「本来統一体を成している人間存在のうちに差別を、カーストを、ヒエラルキーにもとづく階級を創りだすことによって、反＝自然の性格を示していた」（同、一八八―一八九頁）と。

中世は、精神は貴族的で肉体は平民的とか、肉体のある部分は貴族的だが、他の部分はそうでないとか、いたるところに差別をもうけていた。だが「人間というものは、いわば全体の一部分なのである。人間においては、すべてと連帯関係にある。腹部が脳髄に奉仕する者であり、脳髄を養うものであるならば、脳髄もまたたえず腹部のために消化用の糖分の準備を助け、等しく腹部のために働いている」（同、一八九頁）。この最後の段落には、原註として「これはクロード・ベルナール（一八一三―七八）を不滅の者たらしめる発見である」（同）ということが付記されている。

ミシュレの中世告発はさらに続くだろう。

「化け物じみた思想的倒錯のために、中世は人間の生身の肉というものを、その代表（イヴ以来呪われた）〈女〉のうちに、不純なものとして眺めていたのだ。「聖処女」は、「聖母《ノートル・ダム》」としてよりは、〈処女として称賛され〉、現実の女性の地位を高めるどころか、逆にその地位を低めてしまった（…）。／女性そのものも、さいごには、このおぞましい偏見を分かち持ち、おのれを汚れたものだと思い込んでしまった。女はお産をするために身を隠すようになった。ひとに恋をすると顔を赤らめ、ひとに幸福を授けると顔を赤らめるようになった。（…）女性はほとんど、存在すること、生きること、生活の様々な条件を果たすことに、ゆるしを乞うようになったのである」（同、一九〇頁）

しかし「男性という神様は、この腹〔女性の〕から生まれるのだ」（同、一九〇―一九一頁）とミシュレは皮肉る。こうした中世的女性偏見は、もしかしたら近代と言われる時代にまで存続、いやその一部は現代世界においてさえ生き続けているかもしれない。

魔女の時代に見る「自然」と「民衆」

こうした告発をなしたあと、ミシュレは歴史的にみて、「黒ミサ」や、「ジャックリーの反乱」といったものの生まれた背景を語っている。魔女たちの夜の集いサバトが「この時代の神にたいし闘いを宣言するという驚くべき形態をとるためには（…）、次の二つのことが起こらなければならない。すなわち、人びとが絶望の底にまで下りてゆくばかりでなく、〈いっさいの畏

敬の念が失われてしまわねばならない〉のである」（同、二二三頁）。

そして「**人間的な同胞愛、キリスト教の説く天国への挑戦、自然という神への不自然な礼拝――これこそ、「黒ミサ」の意味である**」（同、二二九頁）と述べる。

さらにはジャックリーの乱のようなことは、「**ただの不信仰を民衆全体の怒りの高みにまで登らせた**」（同、二二四頁）ものであると断じる。

さらにこの民衆、当時その大多数は農奴だったが、彼らの想いに心を馳せてミシュレは、「**農奴たちは何を求めていたのか。それは、現代のわれわれが、この農奴たちの遠い子孫が、このわれわれが解き放たれるようにという希《こいねが》いだ**」（同、二二五―二二六頁）と言う。

ミシュレは常に自分が民衆だと意識していた。この作品『魔女』でこうしたことを語りながら、はるか中世のあの暗い時代にこそ近代を生み出し、フランス革命をもたらす源があったことを認識したに違いない。あの魔女たちの時代から、キリスト教が軽んじていた大いなる自然の再発見がなされていった。そこから近代科学が、ルネサンスが生じるのも間近いだろう。そして民衆の解放のとき、革命が垣間見られるようになってゆくのも。

さらには大いなる自然（肉体としての人間も含まれる）が、古代世界で、その遥かなる源流インドにおいて、特に重んじられていたことにもやがて彼は気づくだろう。「**インドから八九年**

まで光の奔流が流れ下ってくる」という『人類の聖書』の言葉が、いったい何を意味するのか、ここまで来てかなり見えてきたようにも感じられる。

だが先を急ぐのはよそう。『魔女』が提起した「女」の問題、そして「民衆」の問題、それらを合わせ担った存在である、魔女として火あぶりになったジャンヌ・ダルクを、ミシュレはいったいどのように描いているのか、ジャンヌ登場以前に起きたジャックリーの乱とともに、次に眺めておこう。

2　教会に殺された素朴な信仰　ジャンヌ・ダルク

百年戦争の時代——ジャックリーの乱

ジャンヌ・ダルク（一四一二—三一）、わずか一九年の短い生涯だった彼女が、なぜこれほどに大きい存在として今日歴史に残っているのか。ミシュレの見事と言うほかない語りこそ、それに貢献したのだとも言えるかもしれないが、ここではまず一般の歴史書によって、ジャンヌの登場した時代の背景を眺めておこう。

あの当時フランスとイギリス（というより、当時の情況から見れば、今日のイングランド）との間で百年戦争が行なわれていた。一三三九年から一四五三年まで断続的に続いた英仏間の戦争である。これはそもそもフランス王家の後継者が、何代かの王において男子相続者が若死にした等ではっきりしなくなり、一三二八年に即位したフィリップ六世に対し、六世の祖父フィリップ三世の同じく孫にあたるイギリス（＝イングランド）王エドワード三世が、自分こそフランス王であると主張したことから始まったということらしい。

が、単にそうした個人的野望の次元での対立のみではなく、フランス内外で（今日から見て）、両国の利害関係が種々の形で対立していたことに真の原因があったと言われる。イングランドはまだ今日のイギリスになっていないし、フランスもまた今日の国境線など確定できていない時代だったのだ。そもそも当時の封建社会では、領主たちの持っている領土単位で国ができあがっており、王と言われる存在は最も大きな領土を持つ、領主たちのナンバーワンでしかなかったのかもしれない。

だから百年戦争中におきた農民一揆は、「お人好しのジャック」といわれた農民たちの乱（一三五八年五月二十八日から六月二十四日まで北フランスで勃発した）だったので、ジャックリーの乱と綽名されたが、それは暮らしに行き詰まった貧民層による反乱には違いないが、刃向かった相手は自分たちをこれまで支配してきた領主のみではなく、戦争のさなかだったから、侵入してきたイギリス軍に対しての面も大いにあったらしい。

ミシュレは書いている。

「宮廷風の雅な武器で騎士道風に行なわれていたこの戦争で、フランスとイギリスの貴族たちには結局のところ一つの敵しかいなかった。戦争被害の犠牲者、農民だ。／戦争の前に農民は、領主たちの豪華な武具類を供給するので消耗していた。（…）あとでは、誰が身代金〔捕虜となった領主等の〕**を払ったのか？　これまた農民だったのだ」**（E.E. III, p.267）

農民たちは戦いによって、平和時には負担する必要のない物さえ、たびたび支払わされることになったというのだ。彼らが怒りを爆発させても当然だろう。

「ジャックリーの反乱は農村の民衆による最初の飛躍である。（…）貴族に対して始められたジャックリーの反乱は、イングランド軍に向かって継続された。国民意識、尚武の精神は徐々

に形成されていった。この新しい精神のおそらく最初の兆候は、一三五九年以降、ナンジ〔年代記作者〕の後継者の物語の中に見出される。（…）この真面目な証言者は、見捨てられた農村の民衆が大胆にもイングランド軍に立ち向かいはじめた情景を」（ミシュレ『フランス史Ⅱ』藤原書店、一三二―一三三頁）物語っているとして、ミシュレはそれを詳細に紹介する。

「祖国愛」の誕生

そして結論付ける。

「戦争という手荒い教育の下で、イングランド人の鞭の下で、野獣は人間になる、（…）野獣であることをやめ、姿を変える。ジャックはジャンヌになり、ジャンヌは処女〔「ピュセル」と呼ばれるジャンヌ・ダルク独特の呼称〕に、聖処女になる。／『良きフランス人』という俗語は、ジャックと〔エティエンヌ・〕マルセルの時代に始まる。聖女は間もなく言うことだろう。『一人のフランス人の血を見たとき、わたしの心からは血が流れるのです』。／フランスの真の歴史が始まることを示すには、この言葉だけで十分であろう」（同、一三六頁）

地方ごとに別々の領主が治めているその地固有の領民意識を超えて、「**それ以来、私たちは祖国《パトリ》を持つようになった。これらの農民たちがフランス人なのだ。恥じることはない。それはすでにフランスの民衆であり、あなた方自身であり、フランスそのものなのだ**」（同）とミシュレは続ける。そしてその先にいるジャンヌ・ダルクを見据えるのだ。

先走って言ってしまえば、ジャンヌこそ郷土愛と同じ形での祖国愛を定着させた第一人者とミシュレは見なしているということだ。彼女の物語は、祖国愛の純粋さ、汚れなさを示すたぐいまれな実例の提示として読めるだろう。それは家族愛や郷土愛といったものが素朴に発展した愛であり、あくまでも心の中からわきあがる愛の一形態に他ならない。

なぜこんなことを強調するかと言えば、国家愛とかナショナリズムといったものは、自らの国家とか民族への優越性を説いて、他者への蔑視とか、自己らへのエリート意識といったものを植え付け易いものだからだ。そういう意味では、一種観念性を帯びるからである。そして自己の属している民族や国家を、それらの価値を絶対化し、他者を排斥ないし蹂躙しても当然だといった意識に凝り固まるとき、それは「絶対観念・理念」の典型的一種となるだろう。

これこそミシュレが最も否定したあり方なのは、すでに見てきた通りだ。それゆえお人好しのジャックや、ジャンヌが抱いたああした純朴極まりない人間的祖国愛を、ゆめゆめ国家主義的な高揚感と、混同してはならないだろう。

生命そのものとしての素朴な信仰

それではミシュレの語るジャンヌの物語のほうに目を向けよう。ジャンヌについて最初に書いているのは、一八四一年八月に発売された『フランス史』第五巻においてである。その後一八五三年鉄道叢書（列車旅行中に手軽に読めるような作品）の一冊として、単独で『ジャンヌ・ダルク』が売り出された。これには『フランス史』にはない序文が添えられているほか、冒頭の書きだしの部分でちょっとした修正があるが、他は全く同じである。翻訳書の『フランス史Ⅱ』（藤原書店）は五三年版を基に訳出しているが、途中で省略箇所がある。それゆえ以下の紹介では、その部分は原書の『フランス史』からの引用となる。

フランスの東部ロレーヌ地方の片田舎で神の声を聞き、その声の指示するところに従って、はるか遠くに位置していた祖国の中心部、フランスを救済しようと献身した歳若き少女の話。それをミシュレは次のように語りだす。

「十二歳の少女、ほんの小娘が、内心の声を天の声と混同し、奇妙で、ばかげたとも言える考えを抱く。もはや男でさえもできないことを実行し、祖国を救う考えである」

（『フランス史Ⅱ』二三七―二三八頁）

本当に神の声なるものがあり得るのか。多くの現代人は、まずそのことに疑問を抱くだろう。彼女は幻聴を聴いただけだ、精神に何らかの異常をきたしていたに違いない、それが科学的思考に染まった者の一般的解釈となろう。

しかしミシュレは、**「中世において幻を見ない者がいただろうか。**（…）**乙女**〔ピュセル〕**の前後数年のあいだに、どの地方にも霊感を受けた者が現れた。例えばピエレットというブルターニュ女はイエス・キリストと会話した。**（…）**／ロレーヌ地方はこのような現象が最も起りそうな地方のひとつであったと思われる」**（同、二四三頁）と述べて、歴史的背景から見て彼女の声を理解しようとする。今日とはすべてが異なる状況のもとで、超自然的出来事も決して異常とは感じられなくなっていたのだ。

自らに話しかけてきた声を彼女はまっすぐな心で信じ、その声が命じるがままに歩み、ついに誰一人なしえなかったことを成し遂げた。そのように、疑うことを知らない純粋で汚れない心をもっていた点が、まず肝要だろう。ジャンヌがどんな少女だったのかをミシュレは語る。

「彼女の子供時代を知る者は、彼女が子供の時にあらゆるものを愛したと言う。彼女は動物たちさえも愛した。鳥たちは彼女を信頼し、彼女の手の中に餌を食べに来た。彼女は女友達を、両親を、そしてとりわけ貧しき者たちを愛した……。ところで、この時代における最も貧しい者、最も惨めで最も同情に値する人物とは、フランスであった」

（同、二四二頁）

こんな彼女の人となりを述べた後、ミシュレはジャンヌの家庭を紹介する。

「ジャンヌは、農民ジャック・ダルクとイザメル・ロメの三番目の娘だった。（…）長男はジャック、もうひとりの兄はピエールという名だった。（…）／他の子供たちが父親と野良仕事や家畜の世話をしに行くあいだ、母親はジャンヌをそばに置き、縫い物や糸紡ぎをさせた。彼女は読み書きは習わなかった。しかし彼女は母親の知る聖なることはすべて知っていた。彼女は宗教を、学課や儀式としてではなく、一家団欒の昔話という民衆的で素朴なかたちで、母親の単純な信仰として受け取った……。こうして乳と血とともに受け取るものは、生きたもの、生命そのものである……」

（同、二四六―二四七頁）

彼女が文盲だったということ、それは最後に彼女の命取りにもなるだろう。学課や儀式にたけた宗教界の指導者たちは、彼女が内容もよく分からないまま同意の署名（といっても、文字ではなく十字架のような模様を記したもの）をしたのに、その内容を知ったとき、あらためて彼女がそれを否定したという、その一点をもって彼女を魔女として断罪、火あぶりにしてしまうからだ。

さらには、ここには民衆の素朴な形での信仰の姿がよく描かれている。「学課や儀式」としてではない、「素朴な単純な、生きた、生命そのものである」信仰。スコラスティックな煩瑣な理論の精緻な体系の神学が、信仰そのものではないことは言うまでもあるまい。そうした神学体系こそ「絶対理念」となってしまうものだろう。

「神の声」

ところでミシュレの死んだ前年に生まれ、成長してのちミシュレから多大の影響をうけたシャルル・ペギー（一八七三―一九一四）が、「すべては神秘 mystique に始まり政治 politique に終わる」と言っているが（これについては後ほど、もう一度触れるだろう）、まさにキリスト教という信仰の、神秘（なる面）と政治（的な面）とを、ジャンヌの物語は如実に提示しているような気がする。さらにもう一つ先走って言っておくと、ミシュレは後に「女と子供と民衆とに未来を求めねばならない」と言っているが、このジャンヌの物語には、女と子供と民衆の問題が間違いなく内在しているだろう。

彼女の子供時代に話を戻そう。

「彼女の村はヴォージュの森のすぐ近くだった（…）家の扉から、古い『楢』の森が見えた、この森には妖精が出没した。妖精たちはとりわけ、妖精たちの木とか『貴婦人』と呼ばれる大きなブナのそばの泉が好きだった。子どもたちはその木に花の冠をぶら下げて歌を歌った。これら昔の『貴婦人たち』、森の女主人たちは、もはや泉に集まることはできないと言われていた。彼女たちは罪を犯したためそこから追放されたのだと。しかし教会は、古くからの地域の神々を絶えず警戒していた。司祭は彼らを追い払うため、毎年泉にミサを挙げに行くのだった。／ジャンヌはこれらの伝説のあいだで、民衆の夢想のあいだに生まれた」

（同、二四八頁）

表面的にはキリスト教が隅々まで支配し尽くしているように見えたあの時代にも、ヨーロッパに古くからあったケルトやゲルマン等の神々への信仰が、深く静かに生き続けていたらしい。それらの神々は妖精のような存在となって、あるいは民話のような形で人びとの意識の底に沈んでいた。それは「絶対観念」のように人を支配し呪縛してしまうような力はなく、ただ民衆の集団意識の中で密かに生きる伝統のように、あるいは夢想のように日ごろは深く沈潜していて、何かの折に、ふと思い出されるようなものとなっていたのだろう。

ジャンヌが戦争のことを知り、神の声を聞いたと信じたとき、その声の命じるままにどうやって出かけるかをいかに思い悩んだか、それは推して知るべきことだろう。

「父親と神という二つの権威は反対のことを命じていた。一方は彼女が無名のままつつましく働くことを、他方は彼女が出発し王国を救うことを。（…）天使は彼女に武器を取るよう命じた。（…）〔父か神かの〕どちらかに逆らわなければならなかった。おそらくそれが彼女の最大の闘いであった。彼女がイングランド軍に対しておこなった戦いなど、それ

に比べれば遊びのようなものだったにちがいない」（同、二五三頁）。

オルレアンの解放

ミシュレは彼女の裁判記録等、様々な資料から、戦場に至るまでの苦労を復元する。王となるべき王太子に面会するまでにも、どれほど大変だったか。指導者層の人びとは総じて彼女のことを疑い、悪魔の仕業ではないかと思ったらしい。「**しかし民衆は少しも疑わなかった**」（同、二五四頁）。彼らには、理念や観念といったものに染め上げられた信仰ではない、素朴な、純朴な、心の底から湧き上がるような信仰しかなかったからだろう。それが彼女の信じるものと共鳴したからだろう。

彼女は男の服を着て戦場を突っ切っていった。男の服は最後まで脱がなかった。そしてついに、オルレアンの南西一五〇キロほどにあるシノンの城で、王となるべき王太子と会見する。だが王太子は「**諸侯の群れの中にわざとまぎれ込んでいた**」（同、二五八頁）。初めて会う彼を、彼女は一目で見抜き、言ったという。「**王太子さま、私は乙女ジャンヌと申します。天の王は私を通じて、あなた様がランスの町で聖別され戴冠されることを命じておられます**」（同）。

中世のあの頃、ランスでローマ教会によって聖別され戴冠されることが、フランス王となるための条件だった。当時、この王太子と対立していたイングランド王ヘンリー五世は、いまだランスでの式をおこなっておらず、フランス王とは認められるに至っていなかった。だからこそランスでの戴冠式が、シャルル王太子がシャルル七世となる必須の条件のはずだった。そのことを誰よりもジャンヌは見抜いていたということになる。

そして物陰で二人きりになってから、ジャンヌはシャルルに、神はこうおっしゃっていると告げたという。「**なんじはフランスの『真の後継者』にして『王の息子』なり**」（同）と。

じつはシャルル王太子は、本当に先王シャルル六世の子であろうか、先王が発狂した（一三九二年）後の一四〇三年の生まれからみて、先王の妻である王太子の母の浮気の末の子ではないのだろうかといった疑念が、王太子を含めて周辺にあったらしいのだ。ジャンヌの一言はそういった疑念を、神からのお告げとして、一挙に吹き払ってしまうものとなった。王太子は満面の笑みを浮かべたらしい。しかしそれは二人だけの秘密であり、定かに伝えられたということではないだろう。

ジャンヌの敵たちは、彼女のそういった能力は「**悪魔が教えるからだと反論した**」（同）。何人かの司教たちが、さらには神学の博士や教授たちが集められて彼女を尋問した。さまざまな罠のような質問が繰り返された。そのたびに彼女は見事に切り返した。例えば神がフランスを解放しようとお思いなら、「神は兵士を必要とされないだろう」という問いには、「まあ、何をおっしゃいます。兵士たちは戦うのです。すると神が勝利をあたえてくださるのです」(同、二六〇頁)といったぐあいに。

その間、「彼女の聖性が民衆の中で輝いたのである。いっせいに誰もが彼女の味方になった」(同、二六一頁)。そして彼女の主張、敵に包囲されているオルレアンを何よりもまず解放し、そしてその後ランスにまで行きましょうという言葉が力を得て、彼女を審査した判事達も、彼女を使ってよいだろうという意見となった。

そしてある高位聖職者の「悪魔は処女と契約を交わすことはできない。だから彼女が実際に処女かどうかを確認しなければならない」(同、二六二頁)という主張に従い、身分の高い何人かの奥方たちが「この滑稽な検査を済ませた」(同)。そして悪魔と彼女が契約できるはずがないことを確認したという。そこで皆が彼女に協力して、その主張の実現に全力を尽くすということになった。

オルレアン解放の事業は良く知られているところだ。ただ彼女が剣を持って戦うことはなかった。オルレアンに達した時、「彼女は城壁のまわりを馬で進み、民衆は恐れもせず彼女についていった」(同、二六七頁)とか、「乙女は(…)堀に身を投じ、はしごを取って城壁に立て

かけた」（同、二七一頁）といった描写から、彼女が一群の兵士や市民、民衆の前面に出て、ひたすら敵軍突破を図っていたということが分かる。

「**矢が彼女の首と肩の間に当たった**」（同）ため、負傷することも起きる。彼女は超能力者ではなかったのだ。ただイングランド軍は、彼女の後に続いてくる「**この民衆の奔流を見て、世界中の人びとが集まったかと思った。彼らはめまいにとらえられた**」（同、二七二頁）。こうしてオルレアンは解放されたのである。

ジャンヌの進軍

この機をとらえ、「**イングランドが支配するフランスを横切り**」（同、二七三頁）ランスに行こうというのがジャンヌの意見だった。だが政治家たちは「**ゆっくりと確実に進むことを望んでいた**」（同、二七四頁）。こうして彼女の行く手に、様々な形での「政治」的なものが登場する。彼女の内なる「神秘」は、種々の形で妨げられ続くだろう。

ランスに行く手前にトロワの町があった。そこには「**ブルゴーニュ軍とイングランド軍の混成の駐留部隊がいた**」（同、二七六頁）。当時フランスは内戦状態にあり、ブルゴーニュ公の一派は英軍と協力していたのだ。町の周りは堀で囲われていた。しっかりした防御態勢にある敵を前にどうしたらよいのか。フランス側の「軍隊はすでに飢餓に苦しんでいた。引き返した方がよいのではないだろうか。政治家たちは勝ち誇った」（同）。

顧問会議の開かれていた席にジャンヌがやって来て、「三日後に町に入れると断言した」（二七七頁）。「彼女は軍旗をとった。誰もが彼女について堀に行った。彼女は手当たり次第に何でも、薪の束、扉、テーブル、梁などをそこに放り込んだ。あっという間にそれがおこなわれたので、町の人々は一瞬のうちに堀がなくなってしまうと思った。イングランド人はオルレアンでと同様、茫然自失した」（同）。

ジャンヌ・ダルク
（後世に描かれたもの）

「王は〔一四二九年〕七月九日にトロワの支配者となり、十五日にランスに入り、十七日（日曜日）に聖別された」（同）。ジャンヌは「なすべきことをなしとげたのである。（…）彼女が王とともにランスに入り、すべての民衆が出てきて賛歌を歌った時、彼女は言った、『ああ、善良で信心深い民衆よ！

もし私が死なねばならないなら、ここに埋葬してくれると嬉しいのですが！』」（同、二七八頁）。

この後フランス軍は、パリを目指して進むことになり、ジャンヌは相変わらずその先頭に立つよう迫られるが、それは彼女本来に気持ちとは異なることだったに違いない。

「**彼女の声はサン＝ドニ**〔パリ北郊外の町〕**よりもっと先には行かないようにと言っていた**」(E.E. VII, p.74)。あい変わらず天使たちの声は聞こえていたようだが、その回数は次第に減って行ったようだ。

そして彼女は一四三〇年五月二十三日、パリ北東方向六十キロほどにある町コンピエーニュの戦いで、ブルゴーニュ公配下の兵士によって捉えられる。「**イングランド人もブルゴーニュ派の連中もみな、この恐怖の対象、怪物、悪魔が、何と言っても十八歳の女の子でしかないと知って驚いた**」(ibid.p.76)。

当時戦場で捕まえた相手方の兵士は、戦利品としてあつかわれていた。ということは捕虜として敵側の捕虜となっている味方の捕虜との交換を交渉したり、身代金を受け取るために使われるなどが普通だった。つまり捕虜を殺すことは普通なかったらしい。しかしジャンヌに対する憎しみは大きかったらしいのだ。それも、必ずしも敵側からだけではなかったようだ。

「**スコラ哲学者たち、理屈ばかり並べる連中、彼らは彼女を霊感を受けた者として憎んでおり、**

狂女として彼女を軽蔑することができないだけ、そして彼女が彼らの理屈をしばしば、より高度な道理性を提示して黙らせていただけになおさら、彼女に対し残酷になったのである」(ibid. p.78-79)。

こうして捕虜になった彼女に苛酷な運命が待ち構えていることを匂わせながら、ミシュレは言い伝えられている出来事を紹介している。

「古い年代記を信じるなら、捕えられることになっていたまさにその日、彼女はコンピエーニュのサン＝ジャック〔教会〕に聖体拝領しに行き、柱の一つに寄りかかって、そこにいた大勢の良き人々や子供たちに言ったという。『皆さん、そしてお子さんたち、はっきりと申し上げておきます。私を売り渡した人がいるのです。裏切られて、私は間もなく死刑に処せられるでしょう。だから私のため、神様にお祈りしてください。お願いします。私はもう王様にも気高いフランス王国にも、お仕えできなくなるのです』」　(ibid.p.79)

彼女は神の声に導かれてではないこの戦いの、その先にある自らの運命を見通していたのかも知れない。

ジャンヌの裁判――「教会の権威」と「純粋な霊感」

いずれにせよブルゴーニュ側から自分らの側に引き渡された彼女を、イングランド側はどうしても魔女として裁かなければならなかった。「つまり彼女の勝利が悪魔に結び付けられるものでなかったら、民衆の見方において、それは奇跡であり、神のもたらした成果としてあり続けるだろう。すると神はイングランド側と対立していたことになる。彼らは善だったのに、正々堂々打ち負かされたということになる。ということは、彼らの立場は悪魔の側だということになってしまう。当時の考えではその中間はなかった」(ibid.p.86)。

イングランドこそ正義の側にありとせねばならなかったのだ。だが戦争裁判では(こうしたものがあったとしてだが)、彼女を魔女として断罪することはできなかった。だから宗教裁判を起こさなければならなかった。彼女の裁判は、魔女の疑いあるものとして、宗教界の手に委ねられることとなる。

「イングランド側が乙女を亡き者にしようと、こんなにも活発に動いていた間、シャルル七世は彼女を救おうとしていただろうか? いかなる点においても、していなかったように見える」(ibid.p.90)。

フランス側から見ても、彼女は煙たい存在のように思えたのかもしれない。いかなる将軍も政治家も王自身も、彼女が現れるまでは、イングランドへの勝利を勝ち取ることができなかったのだ。つまり無能だったのではないか。自分たちの無能ぶりを思い知らせるような存在など、彼らはなるべく早く厄介払いしたかったのかもしれない。だから彼女の裁判も見て見ぬふりを決め込んだかに見える。

宗教裁判というものは、今日の俗人にほかならない我々の目から見て、じつに些細なことにこだわって進められたようである。たとえば次のようなことがあったという。「**人々は彼女に『主の祈り』と『アヴェ・マリア』を唱えるように命じた。おそらく、もし彼女が悪魔の手先ならばこれらの祈りを唱えられないだろうという迷信的な考えからである**」（訳書『フランス史Ⅱ』二八四頁）とミシュレは述べる。だがジャンヌは自分を裁いている側のボーヴェーの司祭が自分の告解を聴いてくれるなら、よろこんで唱えますと答えたというのだ。「**巧妙で胸を打つ願いである。**（…）**自らの敵に対して信頼を捧げ、彼を自らの精神的な父に、自らの無罪の証人にしたのである**」（同）とミシュレは言う。

さらには、判事たちは次のような陰険な質問をしたという。つまり「**ジャンヌよ、お前は恩寵の状態にあると思うか**」（同、二八五頁）である。「**いいえと言えば、神の道具にふさわしく**

ないことを自ら認めることになる。しかしだからといって、はいと言えるだろうか。（…）よほど思い上がった者でないかぎり、誰にもできないだろう。そしてそういう者はまさしく恩寵から一番遠いところにいるのだ」（同）。つまりイエスと答えるにせよノーと答えるにせよ、窮地に立たされる質問だったのだ。そんな策略に満ちた質問を、神学に長けた高位聖職者の判事たちは発した。

ジャンヌはそれに対し、自分がそうした恩寵の状態にいないとすれば「神がそこに置いてくださいますように。もしそこにいるなら、そのままにしてくださいますように」と祈るのみですと答え、「パリサイ人たち〔イエスによって正統ユダヤ教の律法に反していると批判された人々〕は唖然としていた」とミシュレは言う。

しかし彼女は「やはりひとりの女」だった、「再び気落ちし（…）自らの状態を疑い、自問して何とか安心しようとした。『ああ、もし神の恩寵の内にいないと分かったならば、私は世界で一番哀れな存在です……。でも私が罪を犯しているなら、声は私のところに来ないはずです……』」（同、二八六頁）と言ったという。うら若い彼女のこうした揺れ動く心の様を、ミシュレは見事に描いている。

罠をしかけるような質問を次々と受けながら、しかしそのすべてを純粋な素直な姿勢で受け止め、切り返し、魔女である証拠など何ひとつ与えないよう返答していった。だがある時彼女のした答え、「**聖女たちは私に**（…）**こう言っています、『すべてを喜んで受け入れなさい。殉教を恐れてはならない。おまえはそれで天国の王国に行けるのだから』**」に対し、判事たちは尋ねる、聖女たちにそう言われて以来、「**おまえは自分が救われると、地獄には絶対に行かないと確信しているのだな**」と。それへのジャンヌの答え、「**はい、私は彼女たちが言ったことを確信しています。もう救われているのと同じくらいに**」という箇所に、ミシュレがパリサイ人と呼ぶ、かの高位聖職者たちは大きな手がかりを見つける。

「**あらゆる神秘家においてそうであるように、この聖性そのものの内に攻撃しうる面があった。すなわち、教会の教えや権威者の掟と対等な、あるいはそれ以上のものである秘密の声、霊感、ただし自由な霊感。啓示、ただし個人的な啓示。神への服従――いかなる神への？　内なる神への服従**」という彼女の姿勢に対し、彼らは教会に服従し従うことはないのかと問いかえす。するとジャンヌは教会を愛しているし、教会を全力で支持する。ただし自分のなした良きことは、「**私を遣わした天の王様にお任せしなければなりません**」（同、二九二頁）と答える。

それに対し判事たちは、当時の神学で区別されていた「**勝利の教会**」（天上のそれ）と「**戦う教会**」（地上のそれ）のどちらに従うのか、「**戦う教会**」の方に従うつもりはないのかと詰問する。

ミシュレはここで、「裁判の問題点がありのままの姿で（…）現れた。真の論争が始まった。一方には、目に見える教会とその権威、他方には、見えざる教会を証言する霊感……。それは俗物の目には見えないが、敬虔な彼女にははっきりと見えていた。彼女は絶えずそれを見つめ、自らの内にその声を聞いた。（…）心の内にあれらの聖女や天使たちを抱いていた……。そこに彼女にとっての教会があった。そこに神が輝いていた」（同、二九三頁）と言うのだ。

こうした彼女の信仰の在り方は、すでにプロテスタントにも近いような、いやイエス自身の教えを伝える聖書の言葉に復帰するというプロテスタント以上に、そういった教えを産み出す源自体と繋がるという姿勢だったのだろう。それはイエス自身の信仰そのものを追体験していくものだったとも言えないだろうか。

こうしたあり方を、様々な論理の上に築きあげた当時の教会のスコラ派的「絶対観念」に染まりきった信仰が、認めるはずもなかったのだ。教会の「政治」が信仰の「神秘」を打倒してゆく典型的情景が、この一連の裁判過程で露出する。

欺きに満ちた裁判

しかし教会の博士たちがこぞって彼女の有罪を認めたわけではなかった。依然としてジャンヌは悪魔と契約した女、すなわち魔女であるという判決は下し難いと思えた。この件に関し問いあわせを受けた多くの高位聖職者は、たとえば「**リジュー**〔ノルマンディー地方の町。聖女テレーズを祀る巡礼地〕**の司教は、ジャンヌの啓示は悪魔によって口述されたものであると認めながらも、**（…）**それは『単なる嘘』でもありうると付け加えた。そしてさらに、彼女が教会に従わないならば、彼女は離教者として、信仰において激しく『疑わしき者』として裁かれるべきだと付け加えた**」（同、二九七―二九八頁）という。そう、ほとんどの者は、こうしたあいまいな答えしか出せなかったらしい。

それにしても、とミシュレは書いている。「**これらの神学者や博士たちが、自らの学説の根幹と中世の宗教の原理とをなしていたもの、すなわち啓示や超自然的存在の介入に対する信仰を、全力で破壊しようとしているのをみるのは奇妙な光景であった……**」（同、二九九頁）。

彼らは天使の介入には懐疑的だったが、悪魔の介入ということには疑いを持たない傾向があったと言うのだ。だからこそ、あれほど数多くの魔女が見つかり、殺されていったのだろう。いずれにせよイングランド側の気持ちとして、ジャンヌはどうしても悪魔の手先、魔女でなければならなかったのだ。それゆえイングランド側の意を受けてだろうか、いや、あくまでも教会側の独立した見解として、彼女は魔女、火あぶりにせねばならぬと判断したのだろうか。

彼女は最後まで言っていた。

「**私は、私たちの聖なる父や、司教様や教会の他の方々は、キリスト教の『信仰』を守り、それを怠る者を罰するためにおられるのだと信じています。私の『行為』については、私は天の教会や、神様や聖母様、天国の聖人様や聖女様にしか服従いたしません。私はキリスト教の信仰を少しもおろそかにしませんでしたし、そうするつもりもありません。／そしてさらに、『私は主の命令によってしたことを取り消すくらいなら、死んだ方がましです』**」

（同、二〇一頁）

こうした彼女のどこに悪魔と契約したといった姿を見出せるだろう。

そこで最後に教会側が考えたのは、当時の考えでは、女が「**男の服を着た罪ほど重大なことは何もない**」（同）とされていた点だった。「**教会法によればこのようにおのれの性の服を変える者は神の前では唾棄すべき罪人なのだ**」（同）。しかし彼女は、常に三人の男たちが牢内にいるイングランド側の監獄で過ごしており、男装を解くわけにはいかなかったのだ。男の服だけが身を守る唯一の鎧だったからだ。

彼女はついに地上の〔戦う〕教会が私に不可能なことを求めない限り、教会にすがると言った。自分の聞く声も戦う教会にすがることを「**少しも禁じはしません、ただ『第一に主の仰せのままに』**」（同、三〇三頁）なのですと述べている。しかし肝心の声も次第にやって来なくなったようだ。彼女は心弱くなっていった。

ある時、毒殺されそうなことも起きた。「**その時ウォリック卿**〔イングランド人〕**は**（…）**言った、『王』は彼女が意味なく自然死することを望まれない。『王』は彼女を買われた。それは高くついたのだ！　彼女は裁判によって死なねばならない、火あぶりにならねばならない……。何とかして彼女を回復させよ**」（同、三〇五頁）。ジャンヌはその時は命ながらえた。

教会側は、彼女の口から悪魔とのつながりを感じさせるものがどうしても引き出せないので、彼女を処刑台の所にまで引き出し、これまで言ったことを撤回せよと迫った。彼女が譲歩すればイングランド側から解放され、教会側に引き渡されるだろうというのだ。彼女は「**分かりました、署名します**」（同、三一一頁）と答える。と、「**ウィンチェスターの秘書は**（…）**とても小さな取り消し文書**〔いままでのことを撤回するというもの〕**を取りだし**（…）**彼女にペンを握らせたが、彼女は字が書けなかった、彼女は微笑んで円を描いた。秘書は彼女の手を取り十字を書かせた**」（同）。彼女は教会の監獄のほうに移送されると思っていたらしい。だが元の監獄、イングランド軍の監視下に戻されてしまった。

「**何ひとつなされてはいなかった。彼女はこのように欺かれて、自らの撤回を撤回せずにはいられなかった**」(同、三二二頁)。

火あぶり

イングランド側は、それではおさまらなかった。彼らはこれまで彼女から受けた屈辱感を、どうにか晴らしたいという強固な意志をもって、宗教裁判している側に様々な脅しを与える。ところで彼女が処女だということが、彼女を魔女だと断定する上での最大の障害となっていた。だから「**この処女性こそ彼女の力と能力を作るものであるという結論が出された。それを彼女から奪うこと、それが彼女の武装を解き、魔力を断ち切り、他の女たちと同列にまで引きずりおろすことであった**」(同、三二五頁)。そして一人のジェントルマンが、愛国心から「**勇敢にも鎖につながれた娘を乱暴しようとしたが、目的をたっせられず、彼女を袋叩きにし**」(同、三一七頁)退散したという。これは後にジャンヌが打ち明けた告解師の伝える言葉による。彼女は男の服を着続けねばならなかったのだ。

審問官らは、なぜ男の服を着続けねばならないのかと詰問する。彼女は「**快適で安全な牢に**

入れてください。そうすれば大人しくして、教会の仰せのままにいたします」（同、三一九頁）と答える。

判事たちの結論は、「**捕虜をまたも召喚して撤回文書を読み聞かせるべし**」（同）であった。「**怒り狂った兵士たちのただなかで、剣に囲まれていては、もはや結局、判事も判決もあったものではない**」（同）、「**彼女が出頭するのは、もはや火あぶりになるためでしかありえなかった**」（同、三一九―三二〇頁）。

この裁判を主導していたコーション司教は「**彼女を戻り異端であると判決をくだし、彼女を教会から切り離した**」（同、三二〇頁）と宣言した。こうして彼女を火あぶりにする準備は整ったという。

どうしてそうなるのかミシュレは書いていないが、どうも当時の教会法によると、「撤回を撤回する」などということは悪魔と契約した者以外に出来ないことと見なされていたらしく、「戻り異端 hérétique relapse」というのは最高の反逆であり、異端中の異端として即座に抹殺されねばならない者だったらしい。

彼女は最後まで「**王に、フランスの民衆に**（…）**善良で親切な聖女たち**」（同、三二二頁）に、助けを期待していたらしい。だが本当に死ななければならないと知ったとき、ただ一言もらしたという。「おお、ルーアン、ルーアン！　それではここで死なねばならないの？」（同）と。

火刑台に上げられ縛り付けられた時、彼女は「王のことも聖女の事も責めなかった」し、「ああ、ルーアンよ、ルーアンよ、お前が私の死について苦しむのではないかと心配です！」と叫んだという。「民衆を救い、民衆に見棄てられた女性が、死に臨んで（なんというやさしい魂！）民衆への同情しか表明しなかった……」（同、三二六頁）と、ミシュレは語っている。

火がつけられた。炎が上ってきた。炎に触れた瞬間、彼女は水をもとめた。

『水を』、これは明らかに恐怖の叫びである……。しかしすぐに立ち直ると、もはや神と天使と聖女の名しか呼ばなかった。（…）すべての不信が炎の中に消えたという事実から、われわれは次のことを確信する。すなわち、彼女は死を約束された『解放』として受け入れたこと、（…）『救済』を、ユダヤ的で物質的な意味で理解するのではなく、ついにはっきりと見たこと、暗闇から抜け出してまだ欠けていた光明と聖性を手にいれたこと」

（三二八頁）

ミシュレはこう書いている。

息絶える寸前、炎の中から「**イエス様**」という大きな声が聞こえたという。最後の最後に彼女は、彼女の魂は、イエスの許に赴こうとしたのだろう。イングランド王の秘書は帰途、叫んだという。「**もうおしまいだ、われわれは聖女を火あぶりにしてしまった**」（同、三二九頁）。以上がミシュレの語るジャンヌの一生である。

名もなき人々への鎮魂歌

当時の政治情勢から、どうしても魔女として処刑されねばならなかったジャンヌ、どこかでイエスと重なるような、イエスの受難とジャンヌの受難とがどこか二重写しになるようなところがある。

オルレアンで生まれたペギーが、長じてジャンヌ・ダルクをテーマにいくつもの作品を書き、なおかつ「神秘」と「政治」の関係に深く思いをひそめることになった上で、ミシュレのこのジャンヌの物語から計り知れない影響を受けたことは間違いないだろう。

ミシュレの思想の根幹に考えられる、湧き上がるような情熱や愛が、しだいに理念化され、さらに絶対性を帯びるようになってゆき、ついにすべてが表層的な、観念的な、形式的なものとなり、形骸化して本来の力を失くしていくという歴史観と、「すべては神秘で始まり政治で終わる」というペギーの見方とが、深く通底していることに間違いはない。こうした歴史観ないし世界観から、他の多くの事象も理解できてくるだろう。

「魔女」がローマ教会の犯した犯罪で生み出されたものに他ならないとするなら、ジャンヌもまた、キリスト教会によって不当に裁かれた代表的冤罪に違いないのだ。彼女の死後ほどなくして、一四五六年、彼女の幼友達たちがまだ生きているとき、彼女の復権裁判が行われ、彼女は魔女ではなかったと認定された。さらには一九二〇年、ミシュレもペギーも死んだあと、ジャンヌは聖女としてローマ教会によって認定されるということも起きた。

このように彼女は歴史上で名誉を回復され、とりわけフランスでは、救国の英雄の一人として遇されるようにもなった。だが他の多くの名もなき魔女たちは、ローマ教会から、神の名のもと絶対的正義に反逆する絶対的悪、つまり悪魔の配下、その汚れた手先として断罪され、火あぶりに処され、抹殺されていったままだったのだ。

そう、唾棄すべきものと遇され、人間世界から排除されていったそうした女たちを、彼女たちもまた人間だったと再評価し、人間世界に復権させることなど、誰も考慮していなかったのだろうか。

だがミシュレは『魔女』を、『フランス史』でジャンヌ・ダルクを取り上げた遥か後に書く。

それによって彼は、とりわけジャンヌ後の時代に多く殺された無名の魔女たちを、人間として、人間の仲間として、復権させようと願ったにちがいない。それは不幸なまま歴史の中で消えて行った名もなき無数の人々への、鎮魂歌の一つにほかならなかった。

3　自然と古代の再発見――『ルネサンス』（一八五五―五六）を読む

ミシュレの『フランス史』には十六世紀を扱う三つの巻がある。第七巻『ルネサンス』（一八五五年二月刊）、第八巻『宗教改革』（同年七月）、第九巻『宗教戦争』（一八五六年三月）である。ここでは三冊を一冊にして「十六世紀ルネサンス」として抄訳した、藤原書店版『フランス史Ⅲ』（二〇一〇年）に添い、中世の殻を破り新しい世界へと踏み出したこの時代を、一まとめに「ルネサンス」として眺めてゆく。

「**世界の発見と人間の発見**」（右訳書、一三頁）をなしたとされるこの新時代にも、中世の影が色濃く残っているところがある。この時期に起きたことで、かつて以上にひどかったかも知れないユダヤ人迫害について見ておこう。

ユダヤ人迫害の歴史

ミシュレは『宗教改革』の巻の冒頭に「トルコ人、ユダヤ人（一五〇八―一五一二年）」という章を設け、それを次のように書き始めている。

「トルコ人、ユダヤ人、恐怖と憎悪、差し迫るオスマン〔・トルコ〕軍のヨーロッパ侵攻、スペインとポルトガルからイタリア、ドイツ、北ヨーロッパへと洪水のようにあふれるユダヤ人、これらが十六世紀の第一の懸念事項であり、人々はこの問題に気を取られ、道徳的政治的関心の方向はそれに左右される。これには理由がないわけではない。抗しがたい動きによって西洋に侵入してきたのは、どちらも東洋であり、アジアだ。／（…）つまるところ、異教徒が世界を呑みこんでしまうのは明らかだからだ。トルコ人、ユダヤ人は神のものか、悪魔のものか、彼らの出現は天の禍なのか、地獄の噴出なのか。ある者はそこにサタンの業を見、ある者は『人の皮をかぶった悪魔』以外の何者でもないことに気づく」（同書、二一八頁）

どんな時代でも、自分たちとは異なる人種、民族、文化の人々が難民ないし移民として、一挙に多量に入ってきたら、強烈な拒絶反応を示してしまうものだろう。だがここで取り上げられているような、トルコ人のケースは、西洋世界からイスラム圏に侵攻した十字軍の、裏返しに他ならないものではなかったのか。しかしながらユダヤ人のケースは異なるだろう。彼らはどこでも、迫害しか受けてこなかったと言えそうだからだ。もちろん個々のユダヤ人が、善良なキリスト教徒側から反感を買うような事例も多々あったに違いない。しかしながら実際には次のようなことだった。

「多くの英才がいたにもかかわらず（ルターもエラスムスもいた）、キリスト教世界を磔にしたこの二つの種族が、何世紀にもわたりキリスト教世界に磔にされていたことに気付く者は一人としていなかったのだ。マホメット教徒は何度もの十字軍によって挑発され、ユダヤ人は千年以上も鞭打たれ、拷問をうけた。そしてそれは今も変わらない」

（同、二二二頁）

ここでミシュレが述べる「今」とは、彼自身が生きている十九世紀中葉のことだろう。ユダヤ人は古代ローマ帝国によって国を滅ぼされて以来、二千年近く世界各地をさまよい迫害を受け続けてきた。中世ヨーロッパではペストが流行るとユダヤ人のせいだとされ、彼らが殺されるというのがおきまりだったらしい。こんな偏見に満ちた世界からの脱却の、第一歩がルネサンス期に始まったはずなのに、相変わらずひどい弾圧がなされたという例が紹介される。

それはスペインから起きたようである。周知のごとくスペインは、西暦七一八年からイスラム教徒によって占領統治されていた。それに対するキリスト教徒側からの反撃・解放の動きがレコンキスタと言われるもので、その結果一四九二年カトリックの王たちによりグラナダが解放され、イベリア半島全域からイスラムの支配権は消滅した。ミシュレは何年に起きたかを書いていないが、同じ一四九二年、スペインからのユダヤ人全面追放が始まったらしい。

「ユダヤ人はかなりの長きにわたって、東方と西方を結びつける唯一の環であり、人類が分裂するというこの冒瀆的な状況においても、キリスト教徒、ムスリム双方の狂信の裏をかいて一方の世界から他方へと、交易と知識を恒常的に交流させる役割を果たし続けた」（同、二二七頁）と語られている。

ところでレオン・ポリアコフ（一九一〇―九七）の膨大な『反ユダヤ主義の歴史』全五巻（菅

野賢治・合田正人ほか訳、筑摩書房、二〇〇五―二〇〇七。なお原書は一九五五―一九九四刊）の訳書第二巻一六五頁によると「とりわけカスティーリャにおいて、ユダヤ民族は長きにわたってアラビア語使用者であった（…）。常用語としてカスティーリャ語がアラビア語に取って代わったのちも、アラビア語は、依然、哲学と科学の道に欠かせない教養と学術の言語であった」ということだ。経済的のみならず知的にも、ユダヤ人のかなりの部分は社会的レベルの高いところに居たのだろう。

　こうしたユダヤ人をミシュレは分裂した人類のなかで「**同じ知の営み**」を継続し、「**暗い地上での神秘的な良心であり続けた**」と評価するが、むしろそれゆえにだろうか、こうした知の営みの「**伝統の灯をアラブ人はユダヤ人から取り上げ、キリスト教徒はアラブ人から取り上げた。この両者に追い越されたユダヤ人は、十四・十五世紀には、酷い凋落に陥った**」（前掲ミシュレ『フランス史Ⅲ』、二二七頁）という。

　そうしたユダヤ人への反感からか、スペインからの「ユダヤ人の全面追放」が始まった。「**アルビジョワ派から竜騎兵の迫害にいたるまで、この出来事に比せられるものはない。**（…）**サン＝バルテルミの虐殺はより血腥いものではあったろうが、一民族の全面的な根絶というような性格はなかった**」（同、二二八頁）。

そしてミシュレは中世から十七世紀までのユダヤ人迫害の実例を、いくつか取り上げる。「時には、キリストの受難を説く修道士の単なる話の綾で群衆が興奮し、教会から飛び出して、ユダヤ人の家を荒らし回ることもあった。ユダヤ人は家から引っ張り出され、引きずられ、拷問をうけ」た。

「ユダヤ人は、キリストを殺したのみならず、キリスト教徒を高利によって殺したと責められた。(…)高利貸だと嫌われた。しかし誰のせいでそうなったのか」(同、二三〇頁)とミシュレは問う。ユダヤ人には土地を耕すことなど許されなかったし、手仕事一つすることさえ禁じられていたというのだ。

「中世には、余りの厄災に住民が絶望するたびに(…)、なぜこの世では地獄しか生まれないかと人間精神があえて問うたびに、教会は非難されたと見るやすかさず(…)こう言う。『それは神の怒りだ!……それはマホメットの科《とが》だ!……それはユダヤ人の罪だ! 我らの主を殺した者はいまだ罰せられていないからだ!』と。人々はユダヤ人に襲いかかった。喉を掻き切り、焼いた。病み怒り狂った魂は、拷問、苦痛、責め苦に酔い痴れた」

(同、二三一頁)

十六世紀になっても十四世紀と同じように「**農民は方々で、特に教会領主に対して反乱ののろしをあげた。世俗の領主は教会資産の余りの大きさを妬み、非難した。世俗の領主は農民に脅かされると、聖職者の方にその怒りの矛先を向けさせればよかった。そして聖職者は、急場しのぎにユダヤ人の方へ怒りの矛先を向けさせるのが最も効果的にちがいなかった**」（同、二三二頁）。ある時には、ユダヤ人の本を焼くようなことも行われたらしい。二十世紀にナチスがやったことの遥か先駆けだろう。

しかし十六世紀は光が差しそめる時代でもある。「**イタリア人ピコ・デラ・ミランドラ**〔一四六三―九四〕、**ドイツ人ロイヒリン**〔一四五五―一五二二〕、**フランス人ポステル**〔一五一〇―八一〕**によるユダヤ哲学とヘブライ語の復活は、我々が幸運にも目の当たりにする最初の曙光、アジアの名誉が回復され、人類の和解の準備が整った日の夜明けを告げる最初の光である**」と述べた後、ミシュレはさらに（ミシュレと）同時代のフランス人二人が、そうした方向への動きを推し進めていることに感謝しようと述べる。

「**一人の英雄が我々にペルシアを開示し、一人の偉大な天才的考証家がインドのキリスト教を我々に明らかにした。英雄とはアンクティル＝デュペロン**〔一七三一―一八〇五〕、**天才とはビュ**

ルヌフ〔一八〇一―五二、コレージュ・ド・フランスでのミシュレの同僚〕である。／前者は（…）東洋の奥底から、学問と宗教を変える永遠の財宝を奪い取ってきた。どんな財宝か。アジアの精神性を証し立てるもの。東洋も西洋とまったく同等に神聖であり、人類は同一であることを証し立てるもののことだ。／もう一人（…）は、仏教を、あの遥かなる福音を。世界の果ての第二のキリストを明るみに出した」（同、一二三七頁）と語る。ここには『人類の聖書』のテーマの萌芽と言えるものが、すでに垣間見られる。

次に十六世紀ルネサンスの本題、全人類の和解への第一歩を、この世紀が踏み出したという面に目を向けてみよう。

古代世界の再発見――「母なる自然」への回帰

『フランス史Ⅶ』「ルネサンス」には長い「序説」が付けられている。この時代は「人間が自らを再び見出した」（同、一三頁）時代とされる。「ウェサリウス*とセルウェトゥス**」により人間の生命が肉体面で、「ルターとカルヴァンにより（…）ラブレー、モンテーニュ、シェイクスピア、セルヴァンテスにより、人間はその精神面において」（同）深く探求されたのがルネサンスだ。「じっさい、再発見された古代世界が心情において近代と同一である」と認め、「垣間見られた東洋がわれら西洋に手を差しのべるとき、そして空間的にも時間的にも、人間家族のさまざまなメンバーの幸せな和解が始まるとき、新しい信仰が支えられている基盤は奥深いのもとなっている」(同、一三―一四頁) とされる。

＊ウェサリウス　一五一四―六四、ベルギーの医者、解剖学者。
＊＊セルウェトゥス　一五一一―五三、スペインの神学者、医者。

ここには中世の偏狭な古い世界観を脱し、空間的にも時間的にもいっそう広い世界へと視野を拡大し、自己中心的に自己の生きる世界ないし世界観を一方的に肯定、他者のそれを蔑視し否定するといったありかたを脱し、「『正義』と『理性』の中に自らを据え置き始めた」(同、一三頁) 人類の姿が見出されるというのだ。これこそが「奇妙で怪物的で驚くほど人為的なものだった」(同、一四頁) 中世の、狂信的信仰を超えて見出される「新しい信仰」の基盤となるべきもの、やがてフランス革命によって社会のかなりの部分に共有されるだろう世界観の根幹となるものだろう。

ミシュレは、中世にいかにおかしなことがまかり通っていたか、たとえば子を産むということが汚れたこととして忌み嫌われ、さらには紀元千年ごろだろうか、「世界の間近な終末」が信じられ、「あす死ぬというのに子をもうけて何になるのか？　あらゆる生産活動は止めなければならない」（同、二一頁）といった気分が広まっていたことなどを指摘する。そして「家族もまたかくして終わる」（同）と言う。これがいかに不自然な、いな反自然な有り方だったか。それがキリスト教のこうした硬直した教理や有り方によってもたらされるのだとしたら、そうしたものを打ち破り、生命あふれた、生を肯定する生き方こそ必要となる。人間性を失っていた中世よさらば、とならなければならないのだ。

そうしたとき、「アラブ人やユダヤ人を通し、また彼らの弟子であるイタリア人を通し、自然の神の輝かしい復活が遂げられつつあった」（同、二一七頁）。イエスは埋葬されて三日後に復活して弟子たちの前に現れたとされるが、ミシュレはその神は千年ないし千二百年間も埋葬されていたあと、「広大無辺なものとして、両手いっぱいに果実と花をもって、世界を慰める『愛』として再び上昇しつつあった。大地が奥深い胸の内から薬草を介して、自らの子、人間に送ってくる生命の力強い霊薬、おそらくそれが大地の母なる生命なのだが、それをムーア人*は発見していた。何と名付けてよいか分からないこの母＝神の優しさが、目に見えて現れ、人間のためにあふれ出ていた。（…）大いなる母、憐れみ深い乳母であるその神は、両腕で人間を支えるために駆けつけてきてくれた」（同）と紹介する。

＊ムーア人　ヨーロッパ人が北西アフリカのイスラム教徒を指してこう呼んでいた。後にイスラム教

徒全体を言うようになる。

そう、それはまるで魔女たちが見出していた大地の力、薬草となる種々の草のような生命あふれたもの、すべてを生み育ててくれる母なる大地、大いなる自然の再発見とも言えるだろう。これは天なる神、父なる神、過ちを許さぬ正義の神、そうした神の真逆とも言えるイメージをもつ愛の神、母なる神、母＝神ではないか。これこそがアラブという東洋を通して、ルネサンスが学び知ったことだったのだろう。

こうして中世的信仰体系は崩されていった。「正義」と「理性」という新しい原理が力を得て、近代的なものが真に確立してゆくには、しかしそれだけでは足りなかったろう。火刑台の上で「**内面の声の権威と良心の権利とを打ち立て**」（同、四〇頁）たジャンヌをも学ばなければならなかったろう。

しかし「**ジャンヌ・ダルク、民衆の英雄的福音、大革命の生きた預言、彼女を理解する人々は、はるかにわずかしか残っていなかった**」（同、四一頁）という。正義と理性の道はまことに遠いということだろう。

自然とともに生きる民衆

ただ思想、神学、信仰といった学問的な面では古いものがいつまでも力をもっていたのに、「臨終の瀬戸際になって一層残酷さを増したおぞましい瀕死の中世（…）の終焉を早めたのは枝道からであった」（同、四三頁）という、枝道つまり芸術面である。「人間精神のもつ自由は各種あり、この各種の自由には互いに深く親密な関係があること、解放された芸術は文学や哲学を解放する端緒となりうること」（同）を、聖俗とも権力者たちが気付くのは稀だったからだという。だからミケランジェロをはじめとする多くの一流芸術家を、ミシュレは研究するだろう。と同時に、民衆の世界での出来事にも深い関心を寄せる。

民衆は自然とともに生きていることが多いからだ。「素朴な民衆は、私の先生」（同、六六頁）なのだ。

「泉の底に、大いなる森の永遠の薄明のなかに、往古の精霊が、土地のしぶとく生き続ける魂が昔から変わらず宿っている。（…）／これは中世全体を通じて継続した罪のない叛逆なのだ（グリムの『ドイツ神話学』を見よ）。罪がないと言うのは、繰り返すが、素朴で純粋な心の本能によるものだったからだ。えっ！　フランスの最良の魂（…）聖処女ジャンヌ・ダルクが最初の啓示を受けたのは、ロレーヌの辺境、森のなかに開けたあの雄弁な木からであったことを知らないのかね／これが、心が慰めになる母なる『自然』に抗しがたく回帰した」（同）結果なのであるという。

以上引用したいくつかの箇所から、「母なる自然」、「母なる神」、「母＝神」といった一連の言葉が、深く一体化したものとして感じ取られてくるだろう。すべては大地に根差した大いなる存在、そして大地とは、この宇宙のなかでわれわれ人間が住む一隅に他ならないということが。

森に、草に、木に、大地に結びついて生きるとは、この大いなる宇宙の命に参与して生きているということではないのか。キリスト教をはじめとする一神教の神は、「天なる神」、「父なる神」を信じるものであり、この宇宙の外にあって宇宙全体を総べているものとされた。そして様々な掟や正義の基準を立てて、人間を律し、ときに罰する神であった。それゆえ、そうした神の掟に逆らうとき、恐るべき刑罰をくわえてくる神であった。掟からはずれる者、すなわち異教徒とか異端者といった者は徹底的に弾圧され、処罰されて当然なのだ。これが中世的神の持っているイメージであろう。

ミシュレがこのルネサンス期に、東洋的なものと通じて生まれたものとしている神は、それとはまったく異なるということが分かるはずだ。中世の神は、「**理性に対すると同じくらい自然に対しても公然たる敵であった**」（同、七六頁）スコラ学者たちに、強固に守られている神だった。

そこから、これまで見てきたような愚かなことどもが繰り返されたのだろう。つまり、そうした煩瑣なことどもにこだわる哲学、思考の果てに「**神の創造した自然と、悪魔の創造した自然とを見分けるのに人間の目は無力であり**（…）**自然の無邪気さは失われ**（…）**澄んだ泉、白い花、小鳥、これらのものは本当に神に由来するものなのか**」、それとも悪魔に「**張りめぐらされた罠なのか**」（同、八五頁）分からなくなることが起きる。美しいものの中に悪魔の誘惑しか見ないという愚かなことも生まれてくる。これこそ人間が、悪魔という「絶対理念」によって狂わされた典型だろう。

そしてこの悪魔の対として、神という「絶対理念」があることを忘れてはなるまい。『魔女』の世界からこの『ルネサンス』まで、ミシュレは同じテーマを追求しているように見える。「**スコラ学は『思考の機械化』によって終焉を迎えた。宗教は『祈りの機械化』によって終焉を迎えたように思われる**」（同、八七頁）とミシュレは言う。

ダ・ヴィンチ、ルター、ラブレー

それでは「序説」以降でミシュレが触れているいくつかの問題を、繰り返しになるものもあろうが指摘しておく。レオナルド・ダ・ヴィンチについては、「**彼が最初に偉大な近代思想を、つまり『自然』の普遍的血縁を見たのだ**」（同、二一四頁）、「**要するに人間は世界の兄弟なのだ**」（同、二一五頁）ということを指摘する。そして言う、「**そこにこそルネサンスの真の意味がある。自然にたいする優しさと善意だ。**（…）**ダ・ヴィンチは小鳥を飼っていたが、それは鳥かごから放してやって、鳥たちが自由にはばたいて喜ぶ様子を見て楽しむためだった**」（同）。

レオナルド・ダ・ヴィンチ（自画像）

つぎにマルティン・ルターについて言う。ミシュレはルターが好きだった。それはいかなる点においてか。「**それは自由で純粋な本物の歌、心の奥底から歌われる歌、泣き慰められる者たちの歌、大地が涙でかきくれるなかでの聖なる歌**」をルターが見出したからだ。そしてミシュレは断言する、「**これが真のル**

ネサンスなのだ。ついに見つかったのだ。心のルネサンスだ」と。

そして「ルターから、ローマの教授で、パレストリーナ[*]の師であるグディメル[**]が生まれた」（同、二四二頁）とも。人間の中から湧き上がるような感情、それをゆがめることなく、型にはめることなく、「自由に歌を歌って、心を光にさらし、花開かせ」（同、二四三頁）たのがルターだった。

マルティン・ルター

（Lucas Cranach the Elder 画）

＊パレストリーナ　一五二五頃―九四。イタリアの作曲家。

＊＊グディメル　一五〇五頃―七二。フランスの宗教音楽作曲家。

「ジャンヌ・ダルクは、武器を手に取ったきっかけを聞かれてこう答えた。『フランス王国にありし〈憐れみの心〉ゆえに』。ルターだったらこう答えただろう。『神の国のものだった〈憐れみの心〉ゆえに』。／世界を一変させたのは、聖パウロの（…）古臭いテクストではなかった。ルターの大いなる心の優しさと力であり、その歌の雄々しい〈歓喜〉だったのだ」（同、二四七頁）。

聖職者も妻帯し、ふつうの人間としての生活をしてよいと説いたところにも、ミシュレは共感した。地上の生への愛しみ、それがルターを特徴づける。「ルターには（…）心の歓喜、人間の歓喜、家族と家庭の無垢な幸福があった。（…）友人を歓待する神聖な食卓には、（…）たくさんの神聖な果実（…）。果樹園に出かけ（…）ルターはそこで優しく真剣に鳥に説教し、さらには収穫の時を迎えた麦畑では神への感謝と愛に涙していた」（同、二四八―二四九頁）。これがルターだった。

こうして「ルターは奇蹟の宗教を自然の宗教に、虚構の宗教を真理の宗教に移調した」（同、二五二頁）。ミシュレの描くルターには、「小鳥に説教した」として知られる、アッシジの聖フランチェスコにも通じるところがあろう。神を説きながら、地上の生を諾《うべな》い愛しむ、それがルターだった。

そういう意味で現世の素晴らしさを歌いあげるもう一人の者として、ミシュレはフランソワ・ラブレーを挙げる。果敢な船乗りのようなラブレーは、多くの新しい発見をなすだろう。「血液の運動が、生命の循環が、様々な機能の相互の連帯が、すでに『パンタグリュエル』の崇高なページに輝いている。それらのページは（…）ルネサンスの宗教歌であることに変わりない」（同、三二四頁）という。

もう一つの代表作『ガルガンチュア』のほうは、「それは反キリスト教だった。『自然は悪であり、汝の救済には無力である』と教える中世に反対して、彼はこういっていた、『自然は善である。働きなさい、お前の救済はお前自身の中にあるのだ』」（同、三二六頁）と。

そしてミシュレは言う。「彼は、〈中世とは反対に〉人間は善であると考える。そして、その性質を台無しにしてしまうのではなく、心と精神、肉体を、全体的に成長させなければならないと考える。（…）教育は理屈をこねることや批評から始まってはいけないと考える」（同、三二七頁）。

「ラブレーは自分の生徒に神の良い食べ物をすべて与える。自然と学問（…）この幸せなゆりかごを、天の恵みと大地の恵みでいっぱいにし、果物と花で満たす」（同、三二八頁）。ミシュレは断言する。「そこでは宗教が真実と自然から生まれて、心をあたためて、豊かにする」（同）と。もしかするとこういったラブレー的「宗教」こそ、『人類の聖書』でミシュレが述べる、古代インドからフランス革命まで一直線に流れてくる、「光の奔流」と重なり合うものなのかもしれない。

「生命」と「民衆」の力

これがミシュレの捉えたルネサンスの本質的特徴となるだろう。そこでは近代科学の第一歩とも言えるものが生まれた。それ以前の科学について記した章の末尾で、ミシュレは次のように言っている。

「科学において、すべての事実を総括する高次の事実は、個々の発見を互いに結びつけ、完全な調和をもって全体を構成する〈生命の循環〉である。それは存在の連帯、存在がさまざまな形態で行なう飽くなき交換、そして生命の力が滋養を得るところの相互的借用であるが、これらすべては『パンタグリュエル』の主だったくだりで、素晴らしい皮肉の内に書かれている。私の借金は！　とパニュルジュが言う。皆がわたしの借金を非難する！しかし『自然』は、それ以外のことは何もしない。それは絶え間なく相互に借り合い、さらに借りあうために、お互いに支払いあっている……」

（同、四二六頁）

これこそがこの世の実相、この世にある生きとし生けるものすべての真実ではないのか。食物連鎖といわれるものは、その最たる一例だろう。地上に生きるいかなるものも、他者の生を犠牲にしなければ生きていけない。そして自らもいずれは他者の生に捧げられる。こうした生の実相を全的に肯定、いま生きていることを喜び感謝し、いずれ来る死をも恐れることなく生き進むこと。それこそがこのルネサンスが、すくなくともここで紹介した人々、ダ・ヴィンチやルターやラブレーが見出した生き方だったろう。

我々人間があらゆる生命とつながっていることを信じ、鳥たちのように喜びを歌いながら生きて行くこと。これがルネサンスの教えなのだとミシュレは信じた。

「十六世紀史の結論」の最後で次のように述べている。グディメルの弟子パレストリーナ、このイタリア人天才は、周囲の高位聖職者たちの期待に応え「**天地創造の声に魅惑的な音を取り戻させた**」(同、五一七頁)とはいえ、「**力を求めていた戦う教会の呼びかけに対し、苦しみのみを返**」(五一九頁)した。それは「**イタリアの憂愁満ちた響きの中に、あの軟弱さ、希望のなさを聞いてうめく**」(同)音楽だった。それはまた反動勢力に欠けているもの、「**息吹やリズム、民衆的な真の力**」(同)と言えるものだった。反動勢力には民衆を押しつぶすもの、軍隊と戦場と大砲の響きがある。こう言ってからミシュレは続ける。

「おお！　陰謀、努力、忍耐、それらは反動勢力が欲するすべてを成すことはできない……飢えと剣によって一五〇〇万人を折よく殺すことはありうる。だが小さな歌を、万人に愛される曲を作ること、それはいかなる策謀をもってしても、なしえないだろう……特別にわり当てられ祝福された賜物として……その歌は、おそらく朝早く素朴な心から湧き出るだろう。あるいはヒバリがその歌を見つけるだろう。四月の畑の畝溝から、太陽の方に向かって高く飛び立ちながら」

（同、五一九―五二〇頁）

そうなのだ。反動とここで呼ばれる、巨大な権力をにぎって地上を自由に左右しうる勢力は、あるいはそれを一身に具現する権力者ないし独裁者は、「一五〇〇万人を」殺してしまうこともありうる。しかし「**小さな歌を、万人に愛される曲を作ること**」は不可能なのだ。愛は力ではないからだ。愛は「**素朴な心から湧き出**」るものだからだ。

こうしたミシュレの言葉は、今日なお重く響く。核兵器が発明されてしまった現代、狂った権力者がその発射ボタンを押して、一挙に数億人を殺すことさえ可能だろう。だが愛は、そうした力の及ぶものではない。太陽の輝く空にむかって飛び立つヒバリのように、この世に生命がある限り、生き続けるもの、それが愛だろう。否、地球上からすべての生命が消えてしまったと思われるときが来ても、宇宙が生きている限り、宇宙次元での愛は消えないだろうと信じよう。

ところで「素朴な心」、「愛」を体現するものとして、ミシュレの中で表象つまり思い描かれている「民衆」の姿が、『フランス革命史』においてどのように捉えられているのか、次に見ておこう。

Ⅲ 「変革」のための言葉

成長しているのは誰でしょう？　子供です。
渇望しているのは誰でしょう？　女です。
熱望し上昇してゆくだろうのは誰でしょう？
民衆です。
そこにこそ未来を探し求めねばなりません。
（本書一九四頁）

1 「フランス革命」とは何か

新しい価値観の誕生

膨大な『フランス革命史』（本書六〇頁、Iの3の注参照）の中から、全体への「序説」および第一巻「一七八九年七月十四日」のいわゆるバスティーユ攻略等を取り上げ、ミシュレにとって革命とはいったい何だったのか、民衆とはどのようなものとして把握されていたのかを眺めておきたい。

まず「序説」を見ておこう。そこではミシュレが考える革命の本質が次のように表現されている。

「私は革命を『法』の到来、『権利』の復活、『正義』の反発と定義する。／『革命』の

中に現れた『法』は、先行する宗教的法と合致するものなのか、それともそれとは逆のものだったのか？　言い換えれば、『革命』はキリスト教的なものなのか、反キリスト教的なものなのか？」

(H.R.F. I, p.21)

この冒頭の言葉こそ、この膨大な革命史の最重要テーマを示すものだろう。長期にわたりキリスト教的世界観のもとに支配されてきた西洋世界が、それからの呪縛を脱して歩み出す第一として、この革命が位置づけられるか否かという問題だ。上の引用箇所に続いて次の言葉が来る。

「**この問題は、歴史的にも、論理的にも、他のすべての問題に先行する。もっぱら政治的だと思われがちな諸問題そのものに、波及し浸透する**」(ibid.)。つまり世界観の次元での大転換、それが革命なのだということだろう。

革命は思想上の変革であり、新しい価値観の誕生にほかならなかった。つまり何を価値ありとし、何を人生の目標として生きるかという、人間一人一人の生き方そのものに変革を迫るものにほかならなかった。これがミシュレの見方だ。言い換えれば政治的、社会的経済的等々の大変革以前に、宗教的、思想的、世界観的大変革が先行していたはずだということだ。

それをミシュレは次のように述べる。「『**恩寵**』**と**『**正義**』**の闘い**」(ibid. p.23) と。「恩寵」Grâce という言葉には、神に関してではなく人間に関してなら、「恩恵」とか「寵愛」とか「厚遇」といった意味があることを覚えていよう。また「正義」Justice には「公平」とか「公正」という意味が重なることに留意しよう。こちらは善で、敵方は悪だ。だから正義はこちらのみにあるのであり、正義の名のもとに相手方を徹底的に殺しまくることも許されるといった、歴史上繰り返された多くの戦いで、つねに掲げられることになる一方的な正義ではなく、万人に共通する普遍的正義であることを確認しておこう。

革命とキリスト教

「**いくつかの卓越した精神は**(…)**今日、革命はまさにキリスト教の完成に他ならない、キリスト教を継承し、それを実現し、それが約束したものすべてを維持するものだと、はっきりと断言した**」(ibid. p.24)。

こう書いているとき、おそらく親友キネのことも念頭にあっただろう。もちろんミシュレも自由、平等、友愛という革命のモットーが、イエス・キリストの教えと深く通じるものだとは認識していた。しかしキリスト教の名で行われた歴史上の数々の行為、本書で見てきたような魔女への迫害等が、決してイエスの教えに沿うものでなかったことも確かだし、そうした歴史上のキリスト教が現代も生き続けていることにも、さらにはイエス以前のユダヤ教から受け継いでいる世界観にも、ミシュレには、認めがたいと感じるところがあったのではないか。

「**だから二つのことがあるのだ。一つではない。われわれはそれを思い見誤ることはできない。二つの原理、二つの精神、古いものと新しいものとが**」(ibid. p.25) と彼は述べる。恩寵の原理と正義の原理ということだろう。

そこから次のような言葉も出てくる。「**革命はキリスト教を継承するとともに、それに反駁する。革命はキリスト教の継承者であり敵対者だ。／普遍性を持ち人間的という点で、二つの原理は一致する。**(…)**／両者は友愛の感情において一致する**」(ibid.)。だが相違がある。「**革命は友愛を人間の人間に対する愛の上に、相互的義務の上に、『権利』と『正義』の上に築く**」(ibid. p.25-26)。

キリスト教のほうは、いかなることがあっても、アダムとイヴによって犯された時からの罪、原罪の原理から脱却できない。その点ではユダヤ教の世界観から脱却しきれていない。

「**この肉的、物質的原理は、正義と不正義を、血の中に置くものであり、生の流れの中で世代から世代へと循環させてゆくものである。それは人間の魂の奥にある『正義』という精神的**

概念と激しく矛盾する。いいや『正義』とは、世代とともに伝えられる流体ではない。意志のみが正しいか不正かだ。心のみが自らの責任を感じ取れる。『正義』とはすべからく魂の中にある。そこに肉体を考慮すべきことは何一つない」(ibid. p.26)。

これを言いかえると次のようになるだろう。「アダムが失墜し、キリストが救った。／何ゆえにか? 救いたいと願ったからであり、他に動機はないのだ。いかなる美徳も、いかなる人間の働きも、功績も、自らを犠牲にした一人の神の、あの目覚ましい犠牲に値することはできない。彼は自らを捧げる。何かを求めてではない。そこにこそ愛の奇蹟がある」(ibid.)。

これがキリスト教の原点となるだろう。人類はアダムの罪によって地獄のほうへと突き落され、キリストの血による犠牲でのみ天国へと救済されるという図式、こうした世界観こそがキリスト教なのだ。

「信仰が救済の条件であり、正義によって創りだされるものではない」(ibid.)。いかに正しいことをなす正義の人でも、キリストへの信仰がなければ救われることはないというのだ。こういう図式からは、原罪とは逆に、恩恵が世代ごとに引き渡されるという思想も生み出されるだろう。

「教会」と封建領主たち

王に代表される権力者が、その恩恵を特定の功労者に与えて、その一族に貴族の称号を授け続けるといった有り方に、ミシュレは神の恩寵による救済と同じものを見出している。封建制度のヒエラルキーと、教会制度のヒエラルキーとは、恩寵＝恩恵という同じのシステムによって共にもたらされるのだ。革命の原理は、こうした恩寵＝恩恵の原理とは両立しがたいものだ。正義の原理に依拠する革命は、まったく新しい原理のもとにある。

「**神は自ら欲する者に『恩寵』を成す**（＝赦す）。（…）**神は愛する。いかなる他の説明もない。神は自らを喜ばす者も、万人のなかで最低の者、何の功績もない者、罪人をも愛する**」（ibid. p.27）。もしそれが定めだとすれば、救いは神の手の中にあるだけであり、地上の一人一人がいかに研鑽し努力し立派と言われるような人生を送ったとしても、神によって救われるか否かには関係ないということだろう。「**一人の神の犠牲が世界の罪を消し去ったのだと思われた。と、もはや判断も『正義』もないことになる**」（ibid.）。

もちろんこうした教理だけで、地上の生のすべてを律することなどできないから、ローマ教会もいろいろと論理構成して、現実の生の有り方を方向付けようとはした。しかし「**キリスト**

教が、『正義』に対立するこうした教義とともに、統治するよう、世界を裁くよう迫られたとき、当惑は大だったのだ」(ibid. p.28)。「『正義』なくしてひとは暮らせない。それゆえキリスト教世界は矛盾に耐えねばならなかった」(ibid.)。

だから教会はずる賢い手を考え付く。「ローマ教会は裁くし裁かない、殺すし殺さない。教会は血を流すのを恐れる。だから燃やすのだ。いや燃やしもしない。教会は罪ある者を、それを燃やすだろう者に引き渡し、そしてさらにちょっとした祈りを付け加える。取り成すためであるかのように。そこにあって『正義』が、偽りのむごい正義が、『恩寵』の仮面を被るという恐るべき喜劇」(ibid.)。これが、ジャンヌ・ダルクが火あぶりに処せられたときの実相でもあっただろう。ローマ教会は地上で力を揮《ふる》いつづけるために、様々な手を考えるだろう。

「中世全体を通して(…)私は、人類の絶望と悲しみの叫びを再発見していた」(ibid. p.32)。そして次のような一例を引く。「スペインの一地方のたった一つの異端審問所で、十六年間に二万人を火刑に処したということが、正規の記念碑にはっきりと書かれている」(ibid. p.35)。これが中世キリスト教世界で、正義の働きが最も目覚ましくなされたという事例なのか。世俗権力者の支配体制と教会の体制とは、見事に一致する面があっただろう。

「人は正義を必要とする。(…)そして『正義』を政治的宗教の中でも守り抜けると信じ、自らのために一人の人を〈正義の神〉とした」(ibid. p.42)。

これが古い君主政体の基盤をなしていたのだろう。王は地上の神のごとき存在として君臨した。神は目に見えないが、信仰のあり方一般で神の代弁をするはずの聖職者たちには、人間社会の現実的諸問題を解決する能力、つまり正義の原理のもとで事態を治める力などないから、王が、神の代理人としてこの世を統べることが不可欠となったのだ。

「王による正義は、その厳格さゆえに祝福された。王は、その〈巡回裁判〉において、最後の『審判』のように、民衆と貴族との間にあって恐るべきものと思えた。右手にいた民衆は自分たちの裁き手に身を寄せ、愛と信頼とで満たされていた」(ibid. p.43)。

民衆にとっては、自分たちを直接支配している封建領主たち、貴族階級の連中にではなく、王にこそ自らの守り手を感じていたということだろう。だが、とミシュレは同じ頁につけた脚注のなかで書いている。「王のこの正義は、つまるところ王の自由裁量にゆだねられていた」(ibid.)。神による救い、すなわち恩寵が得られるか否かが、もっぱら神にのみ委ねられていたのと、まったく同じ構造である。王とはこうした面でも、地上の神に等しかったのだろう。

ところが「こんなにも愛された王が、民衆に対しては冷酷だった」(ibid. p.44)。「王は(…)自らを神と信じた。だがこの神という語を何一つ理解しなかった。神であるということは、万

人のために生きるということだ……だが彼はしだいに宮廷の王になってしまう。彼が見るそこのわずかな数の者が（…）**彼の民衆なのだ。**（…）**こんにち彼の全世界はヴェルサイユだ**」(ibid.)。

そこから民衆の悲惨が始まる。革命の芽が出てくる。天候等自然現象が悪化するたび、民衆の不如意は昂進し、彼らの不満は拡大してゆくだろう。パンにさえ事欠くことも起きるだろう。「パンがなければ、お菓子を食べればいいじゃない」と能天気なことを言ったのは、ルイ十六世の王妃マリー・アントワネットだったと伝わるが、こうなるともう革命は間近い。

だが「**ここ二世紀に外国人旅行者が書いたものを読んでみたまえ。**＊**彼らが、我が国の田舎を横切りながら、唖然としているのが分かる。**（…）**ぼろをまとった痩せこけた民衆、**（…）**この旅行者たちを、さらに驚かせているのは、民衆のあきらめであり、世俗であれ聖職者であれ、自分たちの支配者への敬意と、王たちへの盲目的崇拝による愛着だった**」(ibid. p.45)。

＊たとえばアーサー・ヤング『フランス紀行』（一七九八）の邦訳（宮崎洋訳、法政大学出版局、一九八三）がある。

革命の前には、長い期間にわたる民衆への重圧構造があった。それが、一言でいえばアンシャン・レジームと呼ばれるものだった。

「**アンシャン・レジームとは何か、古い王政における王とは、司祭とは何か？『恩寵』の名**

による圧政である。／革命とは何か？　公正の反発であり、永遠の『正義』の遅ればせの到来である」(ibid. p.76)。

これが革命史「序説」の末尾を飾る言葉だ。*

＊ミシュレは「日記」の一八四六年十一月二十日の記述で、民衆にこうした生き方をさせることになったキリスト教を、次のように断罪している。「奴隷たちの宗教よ、あなた方はどんな圧政の共犯者だったのか？　恩寵の宗教、特権の宗教よ、あなた方は恩恵の政体を、つまり恩寵と不公平の政体を生じさせ、正当化し、称賛したのだ」(『民衆と情熱Ⅰ』五〇九頁)。なお『フランス革命史』第一巻は、一八四七年二月の刊行だから、ほとんど同じころに書かれたものだろう。

三部会の招集

次いで第一巻を見てみよう。

「一七八九年の全国三部会の招集が民衆誕生の真の紀元である。三部会は民衆全体に自らの権利の行使を呼びかけたのだ」(ibid. p.77)。

冒頭のこの言葉からこの巻は始まるが、ここで「民衆」と訳したpeupleには、社会的文化的習俗・文化を同じくするという意味での「民族」、それが一国に収まるときは「国民」、また権力者に対抗するという意味での「人民」というような、種々の訳語が可能である。ここではフランス内部で身分的に一応、三つに分かたれていた人々の代表が、各部ごとに呼び寄せられていたという事態からみて、民衆と訳すことにした。（ミシュレの見方からすると、「国民」の誕生はジャンヌ・ダルクに溯るし、人民の意識はこの革命期初期、まだ十分成熟していなかったはずだからだ）。

三部会の開会は一七八九年五月四日のことであった。三部会というのは、第一身分とされていた聖職者、第二身分とされていた貴族、そしてその他もろもろ働く人＝平民で構成される第三身分、それらの代表を集めて国全体の問題を検討させようという主旨で開かれるもので、教皇と対立していたフィリップ四世が、一三〇二年パリで開催した時点にまでさかのぼる。あくまでも王の諮問会議であり、宮廷の意向によって開かれないことも多く、この十八世紀末には、各方面からその開催が要請されていたうえに、国家財政逼迫から、その改善策を、宮廷やそれを取り巻く特権集団のみで探るのではなく、第三身分まで含めた全国民規模で検討せねばならなくなっていたのである。こうして三部会が、百七十五

第一身分（聖職者）と第二身分（貴族）を背負った第三身分（働くひとたち）。1789年の風刺画

年ぶりに開かれることになった。

だがこうした王らの目論みは外れる。第三身分の部会が反抗する。僧侶代表の一部がそれに合流する。貴族代表も一部それに加わる。国民の窮状を打開しなければならない。身分を超えての、それが第一の要求となってゆく。

「全員一致だった。完璧な、留保無しの一致があった。ひどく単純な状況だった。一方に国民 nation が、他方に特権があった。その時、国民の中には、ありうるかもしれない民衆とブルジョワという区別など、いかなるものもなかった。教養ある者と教養なき文盲の人という、ただ一つの区別だけが目立っていた。教養ある者たちだけが話し、書いていた。しかしながら彼らは万人 tous の想いを書いていたのだ。彼らは皆に共通する要求をはっきりと表現していた。そうした要求は、彼らの願望と同じかあるいはそれ以上に、沈黙した大衆 masses のものだった」

(ibid. p.81-81)

皆の要求とは何か。数年にわたって起きていた飢饉への対処である。日本でなら米寄こせの騒動となるだろうが、かの地ではパン寄こせとなるだろう。しかしながら三部会が開かれる。

国民の間にある格差、差別、不平等をどうにかしてくれるだろう。皆が食べられるよう、差別なく平等な扱いがおこなわれるだろう。そうした期待があったからだろう、まだ暴動は起きなかった。

つまり三部会は、国民全体を代表するはずであり、それは「**重大な措置であり、国民主権の最初の行為だ。獲得すべきだったのは、確かに国民主権であり、樹立せねばならなかったのは権利だった。金や諸改革の問題は、その後にしかやって来なかった**」(ibid. p.83)。

現実の諸問題を解決する前に、誰がどのような資格ないし権利をふるって、そうしたことに対処してゆくべきかを問うことになったのだ。「**法のみが支配権を持とうとしていた。専制と気まぐれの何世紀もの後、いかなる者であれ理性に逆らっては、正しくないだろうという時代が到来しようとした**」(ibid. p.87)。

万人に共通し、万人に承認される「理性」こそ、この世のことどもを律する王者とならねばならない。王という一個人が「専制」的に「気まぐれ」に物事を決してゆくようなことは許されない。こうした思い、思想こそが革命の原動力をなしたのであり、それがこの時期のフランスで一般化していたということだ。こうしたものの考え方が、傑出した個人(啓蒙思想家ら)にとどまることなく、すでに民衆の中で広まりつつあったのだ。

「この世紀に道を開いた強力な革新者たちは、この時にはすでにいなくなっていた。諸国民を導くのに、彼らの思想が残されていた。(…)この最初期における革命の栄光とは、それは危険性でもあり、革命の歩みをいっそう不確実なものにしかねなかったことでもあるが、それは人間なしで済んだということ、理念の飛躍によって、純粋理性を信じることで、偶像なしに、偽りの神なしに、ひとりで歩むということだった」(ibid. p.89)

ここで「人間なしで」と言っているのは、特別に名指しできるような個人がいないまま、つまり指導的立場にたって全体を引っ張ってゆくような英雄的存在がいないままでということだ。現実の情況が人々全体に何らかの新しい行動を促し、それに応えて民衆全体が動いたのが実態だったのだろう。

「いくつもの飢えた一団が国中を駆けめぐっていた。(…)その連中は猛り狂い、殺しまくり、焼きまくっていた……恐怖ははるか彼方にまで広まっていった。人々のコミュニケーションは途絶えていった。食糧の欠乏状態はいや増していった。数知れぬ馬鹿げた噂が広まっていった。それは宮廷に雇われた強盗たちのやっていることだというのだ」(ibid. p.97)。

こうした集団的窮乏、恐怖こそ、民衆を革命的行動へと立ち上がらせたものだ。もはや上層部の指導者、特権者たちを、何も崇め恐れることなどないという精神状態が、民衆の中で出来上がってしまっていたのだ。

三部会が始まり、日々どのように推移していったか、第三身分による国民議会の設立、その後の「球技場の誓い」等、ここではすべて省略する。事件そのものではなく、その時々に民衆を動かしていった原動力といったものに焦点を当てよう。

バスティーユ攻撃

七月十三日「**月曜の朝、六時になるとあらゆる教会のあらゆる鐘が、次々と早鐘を打ち鳴らした。何人かの選挙人たち*が市庁舎へ赴き、そこにすでに群衆が集まっているのを見て、各区の方へと戻す**」(ibid. p.139)。

*選挙人たち　三部会への代表を選んだあとも解散せずにいたパリのブルジョワの代表者たち。

王側が配備した軍隊等に対し、市民側も武装せねばならない。

「**パリは飢えで死ぬか勝利するか、そう一日にして勝利するしかなかったのだ。どうやってこの奇蹟を期待するか？　町自体の中に敵がいた。バスティーユと士官学校にだ。あらゆる障**

《バスティーユ襲撃》
（ジャン＝ピエール・ウーエル画）

害物で取り囲まれている敵だ。フランス人の護衛隊は、少数を除いて、自分たちの兵舎に残っていた。まだどうするか意を決していなかった」

(ibid. p.141)。

ここで「フランス人の」と言っているのは、当時王たちの護衛兵としてスイス人の傭兵が多数雇われていたからである。またフランス人の軍隊にも各種のものがあり、兵士たちの出身身分や出身地区の違いによって、当時の社会情勢に対する姿勢も、各軍でかなりばらばらだったと言える。

「状況は恐るべきものとなっていた。物質面を見ると、ほんのわずかな希望もなかった。だが心情は果てしもなく巨大なものとなり、各人、刻一刻と胸の中で心が広がってゆくのを感じていた。すべての者が市庁舎にまで、戦いに身を捧げようとやって来ていた」(ibid. p.142)。

市庁舎には武器がかなり蓄蔵されていたらしい。

「パリは一変した。あらゆる法的権威は見捨てられ、見たところ無秩序となった中で七月十四日になった。そして道徳的には最高に奥深い秩序があり、精神の一致がある。/七月十三日、パリは身を守ることしか考えていなかった。十四日、パリは攻撃した」(ibid. p.144-145)。

攻撃対象はバスティーユだった。そこには多くの政治犯が投獄されており、多くの武器も隠されていた。

「バスティーユ攻撃は、いかなる点でも合理的ではなかった。それは一つの信仰表明だった。/誰一人提案しなかった。だがすべての者が駆けつけた、行動した。通り沿いで、河岸沿いで、橋沿いで、大通り沿いで、群衆が群衆に向かって叫んでいた。『バスティーユへ! バスティーユへ!……』。そして早鐘の鳴り響く中、誰もが聞いていた。『バスティーユへ!』/もう一度言うが、誰一人そそのかしてはいなかった」(ibid. p.145)

誰か一人の卓越した指導者による指導ではなく、民衆の中から自然発生したような動き、地の底から湧き上がってきたような動きだった。これがフランス革命の真実、実相、本質と言えるものだと言うのだ。

「誰が信念を持っていたか？　自らの信念を果たすために、献身と力とを持っていた者は誰か？　民衆だ、皆の衆だ」(ibid. p.146)。

「あの晩、歴史が舞い戻ってきた。苦しみの長い歴史が。民衆の復讐しようという本能の中で、長い長い年月、黙したまま苦しみ死んでいった父祖たちの魂が、息子たちの中に戻ってきたのだ、そして話したのだ」(ibid.)。

「未来と過去の両者が言っていた、行け！と。時間を超えて、未来も過去も超えてあるもの、不易の権利も言っていた。正義という不滅の感情が、人間の揺れ動く心に、鋼の基盤を与え、そして言った。『行け、心穏やかに。何が問題なのだ？　死のうと勝とうと、私が君と一緒なのだ！』」(ibid. p.147)。

「他にも多くの牢獄があった。だが、これこそ気まぐれな専制の、移り気の独裁の、聖職者および官僚主義者の、厳しい取り調べが行われる牢獄だった」(ibid.)。

これがミシュレの思うバスティーユ監獄襲撃の実相だった。

民衆の無意識的心の動きこそ、革命という一大事件を引き起こす原動力だったのだろう。この後の推移においても、ミシュレのこうした基本的視点は貫かれる。もう一か所、そうした例を『フランス革命史』第二巻のほうから見ておきたい。

女たちの革命

バスティーユ攻撃から二月半ほど経った十月五日、パリの女たちが、王のいるヴェルサイユに向かって行進を始める。パンを求め、飢えをどうにか解消してもらおうと王にすがるためだ。

「最も民衆的な民衆の中にあるもの、つまり最も本能的で、最も押さえきれない想いにつき動かされる者、それは間違いなく女だ。彼女たちは次のように考えたのだ。『パンがないわ。王様を迎えに行きましょう。王様が一緒なら、気遣ってもらえるでしょう。もうパンがないなんてことが無いように。だから〈パン屋〉を探しに行きましょう』」（ibid. P.248）。

ヴェルサイユには議会もあった。憲法制定を目指して立憲議会と称していた議員たちは、八月に採択していた「人権宣言」を、まず何よりも王に署名させ、承認させようと考えていたらしい。パリから行進してきた女たちとは、求めるものが異なっていたのだ。議会に代表者が入ることを許された女たちと、議会側との駆け引きもあったらしいが、最終的に女たちは王との面会を許可される。そして王にパリに戻ってほしいと懇願する。

「だが王は、女たちに善意の満ちた態度で耳傾けていた。若いルイゾン・シャブリが話す任務を負わされた。王を前にして彼女の心の動揺はすさまじく高まり、やっと言えたのだ、『パンを！』と。そして気を失ってしまった。王はびっくりして彼女を助けさせた。彼女は出てゆくとき、王の手に口付けしようとした。王は父親のように彼女を抱きしめた」(ibid. p.263)。

女たちは王様大好きになって宮殿から出て、「王様万歳」(ibid.) と叫んだという。小麦等パンに必要な物資がパリに入ってこないのは、特権を持った業者や貴族等が悪いのであり、王にはそれらを取り締まって欲しいと女たちは思ったのだろう。そのためにも経済の中心地パリに、戻ってもらわなくてはならないと。

翌日六日、王は王妃と共にパリに戻る。これが革命の進展に、どれほど大きな意味を持つことだったか、それは歴史が証明していることだろう。これを描いた章を、ミシュレは次のような言葉で閉じている。

「十月六日の革命は、かつてなかったほど、全く自発的で、思いもかけない形で、真に民衆的に起きたもので、必然かつ自然な、また正当なものだったが、それはとりわけ女の革命だった。七月十四日が男たちの革命だったように。そう、男たちはバスティーユを奪取し、女たちは王を奪った」

(ibid. p.279-280)

自発的に思いもかけない形で、自然発生的に、大地の底からわきあがるようにして現れてくる民衆。その最たる実例がこのとき見られたということだろう。次に、民衆とは何か、ミシュレの考えがまとまって述べられている作品、『民衆』(一八四六)を眺めておこう。

2 「民衆」の発見――『民衆』(一八四六)を読む

貧しさからの出発

『民衆』*は『フランス革命史』より前(一八四六年)に出された作品だが、扱っているのがミシュレの生きている時代、つまり彼にとっての現代の問題であるゆえ、ここで取り上げる。まず冒頭に「エドガール・キネ氏へ」という長い「はしがき」が置かれている。二人が共に、勉学に励み、励まし合い、学問の世界で一緒に生きていることを、喜び感謝するという思いを込めての「はしがき」だ。友人キネへの友情が最も伝わってくるような文章である。

＊ここではミシュレ『民衆』（大野訳、みすず書房、一九七七年）を使う。一部訳文を改めた箇所もあるが、逐一指摘はしない。

ここでミシュレが言っているのは、自分が民衆の中で生まれ、民衆の一員として育ってきたということ、つまり民衆を「**外側から眺めたのではなく、内側で経験したのである**」（訳書、一五頁）から、「**民衆が心の奥深くに、自分では理解しないまま秘めているいろいろのことを理解したのである**」（同）ということだ。そして民衆の秘めているものを歴史的に追いかけてゆくことが出来たゆえに、民衆がどうして今日のような姿になっているかも把握できるとする。「**現在に、つまり今日のことに固執する者は、現在を理解しない**」（同、一六頁）。

こうした自負のもと、ミシュレは自己の生い立ちを詳しく述べる。父母の家系のこと、幼い時から家の手伝いをし、利発だったゆえにだろう、貧しい中でも両親が自分に勉学の機会を与えてくれたこと、しかし勉学仲間からはいつも物笑いのたねにされていたこと、「**私は一つのことに気づき始めていた、自分が貧しいということに**」（同、二四頁）。こう書いたあと、ミシュレは語る。

「私は覚えている。現在の窮乏と将来への危惧というこの完璧な不幸の中で（…）ある日、ある木曜日の朝、私がうずくまっていたことを。火の気もなく（雪がすべてを覆っていた）、夕方になってもはたしてパンがやって来るかどうかさえよく分からず、すべてが私にとっては終わってしまったように思われながら——何らの宗教的希望をまじえることなく、自分の中に純粋にストイックなある感情を持ったことを——そして、寒さでひびわれた手で樫のテーブルをたたいて（このテーブルはずっと手離さずにいる）、若さと未来の雄々しい喜びといったものを感じたことを」（同、一二五頁）

十代半ばごろの思い出である。ここに見られる雄々しい心、「ストイックなある感情」、それがミシュレの生涯を貫くだろう。この文に続いて彼はキネに語る。「友よ、言ってくれたまえ。いったい今、何を恐れる必要があるであろう？　自分自身の中で、そして歴史の中で、あれほど何度も死んだこの私が」（同）。

そして述懐する、「一八一三年以来寒さの跡を残している片方の手を見つめながら、（…）民衆の歴史を書きあげ」（同）ようと決意したことを。それは知識人として生きるようになった自分が、本質的に変質していないという自信の表れでもあった。「**少年時代の試練は私の心の中にずっと生きつづけていた。私は労働や、厳しくつらい生活の印象を持ちつづけていた。私は民衆として留まりつづけたのである**」（同、二八頁）。

だから書きあげようと願っている「民衆の歴史」は、自らの過去を生き直すこととも重なるものとなるだろう。それは外から観察し、それを分析叙述しただけの歴史とは異なり、過去の体験をもう一度生き返すような、復活させるような作業となったのではないか。「**ティエリーは歴史を叙述と呼び、ギゾー氏は分析と呼んだ。私は歴史を復活と名づけた**」（同、二九頁）という言葉は、こうした文脈の中で理解すべきものだろう。

これはまた知識人としての今の自分が、過去の自己と乖離してしまうかもしれないと恐れ、その克服を常に意識していたことの現れでもあろう。先に引用した『フランス革命史』中の言葉、人々を分断していた最たるものは、「**教養ある者と教養なき文盲の人**」との区別だったという状態が、革命後の十九世紀半ば当時にも、厳然として存続しているという認識ゆえだろう。だから言うのだ。「**私は他の人よりもはるかにずっと、人々の間にまた諸階級の間に生み出されようとしている、悲しむべき絶縁状態に苦しんできた。それらをみんな自分の中に持っているからである**」（同、三十頁）と。

こういう形で「キネへ」の「はしがき」を終え、ミシュレは民衆の実態とその救済策とを、第一部「隷従と憎悪について」から語り始める。

自然の中で人間は卓越したものではない

そこでは農民、労働者（とくに機械工場の）、製造業者、商人、役人らの隷属状態を述べたあと、金持ちとブルジョワの隷属さえ語られる。農民は土地に縛り付けられているが、革命後耕す土地が自らの所有となった者たちもおり、それをミシュレは「**人間と土地との結婚**」（同、五四頁）と称えている。

一方、現在では機械中心に物が作られているが、そこでは「**弱々しく青白い人間があれら鋼鉄の巨人の哀れな召使いとなっている**」（同、六六頁）。工場は「**いたる所金属の固さと冷たさしか感じられない鉄の世界**」（同、七〇頁）であり、「**機械の秩序は生きた肉体にとっては、それ自体ひとつの無秩序であり死である**」（同、七二頁）とされる。工業現場におけるこうした人間疎外は、二十世紀以降ますますひどくなるだろう。

だがそうした労働者たちが家庭を持ち、一冊の書からでも良い、何かを学び始めようとするとき、「**時間と教養とがすべてを作るのだという誤った考えに**」染まる人々は、彼ら労働者の「**魂**

が自らの固有の力によってとげるであろう内的発展や（…）、自発的な成長作用といったものを」軽視し、無視するかもしれない。

が、そうしてはならないのだとミシュレは呼びかける。そして「書物の人々よ、書物を持たず教養に欠けたこの人間に、それを補う一つの長所があること（…）、彼が苦悩において卓越した人間であるということ」（同、八八頁）、それを知りたまえ、と諭す。

それからゲーテが発した最後の言葉とされる、「光をもっと光を！」を引いて、次のように述べている。この言葉は、「神の最も賤しい子供たち、つまり動物界でも一番遅れた軟体動物たちが、海の底で言っていることと同じである。軟体動物たちは、光の届かない所はどこであろうと、生きようとしない。花も光を欲し、光の方に身を向ける。（…）動物たちも、（…）光が訪れ、光が立ち去るにしたがって、喜んだり悲しんだりする」（同、八八―八九頁）。そしてこの直後、自らの体験を語る。

「この夏、庭を散歩していたとき、私は枝の上で一羽の小鳥が、沈みゆく陽に向かって歌っているのを聞いた。それは、光に向かって身をまっすぐに立て、そして目に見えて喜んでいた……それを見て私も喜んだ。人に飼われた悲しげな鳥からは、こんなにも小さく、こんなにも情熱的な、知的で力強い創造物といった考えを与えられたことは、一度としてない……私は小鳥の歌に身を震わせた。その鳥は頭を後ろにのけぞらせ胸をふくらませ、どんな歌い手もどんな詩人も示したことがないような、無邪気な有頂天ぶりを示していた。彼を狂気させていたのは、しかし愛ではない（その季節は過ぎていたから）。それは明らかに日差しの魅力であり、やさしい太陽の魅力だったのである！」（同、八九頁）。

これに続いてミシュレは言う。「野蛮な科学は、頑固な傲慢さは、生命ある自然をかくも格下げし、人間をその劣った兄弟たちから、こんなにも引き離してしまった！」（同）と。ゲーテが光に対し抱いたのと同じような想いや感情を、その小鳥も持っていた、少なくとも夕日の光に向かって喜ぶという心があった、と確信したからだろう。命あるすべてのものが人間の兄弟である、しかし「劣った」ところがあるというのが、傲慢で野蛮な科学の見方だと言っているのだ。

とはいえ鳥や虫や海の生物たちや山や野の動物たち、「生命ある自然」を、人間の弟分と見るだけでも増しではないのか。「人間機械論」といったものさえあったのだから、西洋的思考、キリスト教的思考では、動植物は利用すべき対象、つまり物としてしか考えていなかった時さえ、なかったとは言えないだろうから。

だからこの時ミシュレが述べているのは、かなり画期的なことだったかもしれない。彼は後に『鳥』、『虫』、『海』、『山』といった本を書いてゆくが、それはアテナイス・ミアラレとの再婚（一八四九年）後、彼女から啓発されてからだという見方もあろう。だがこの一節からも決してそうではないということが分かる。ミシュレの自然への関心、あるいは共感は、その遥か前からあったのだ。

一八二〇年五月三十一日、ミシュレがまだ二十一歳九か月のときだ。若くして死んだ友人ポワンソに宛てた手紙に、次のような一節がある。「**人間たちへの愛のほうへ**（…）、**とくに貧しい人々の中を**（…）**突っ切ってゆくとき、ぼくは**（…）**感じる。とくに弱いものたちが**（**動物でさえ**）**ぼくの心を打つ。すべてのものが幸せであってほしいと願いたいような気がする**[*]」と。
＊ミシュレ『全体史の誕生――若き日の日記と書簡』（大野訳、藤原書店、二〇一四年）、二九七頁。
ここでかっこに入れてだが、動物でさえと言及していることに注目しよう。動物にも喜びの感情だけでなく悲しみの感情があることは、幼いころからミシュレにとっては自明のことだった。「**モンマルトル通りにいたとき、当時飼っていたメス猫が仔を産んだが、その仔たちを下水道に捨ててきたということを知り、ぼくは誰にも慰められないいくらい悲しんだ**[*]」と「少年時

代の思い出」に書いている。

人間より「劣っている」かもしれないと思うのも、人間の主観的思い込みでしかないかもしれない。動物たちにも心とか魂と言えるものがきっとある、間違いなくあるという確信のようなものを、彼は終生持ち続けるだろう。

＊同書、四九頁。

生命は他の生命と出会って輝く

ところで『民衆』第二部は「愛による解放——自然」と名付けられており、その第六章は「余談。動物の本能。彼らのための要求」と題されている。そこに次のような注がつけられている。自身の作『フランス法の起源』（一八三七）からの引用である。

「動物と植物は人間の最初の師である。人間が指導するすべての存在が、私たち自身でなしたであろう以上に、私たちを導いてきた。（…）今日人間が軽蔑しているこの小さなものたちは、助言を与えてくれたのだった。（…）あらゆる時代を眺めた木や、あらゆる場所を駆け巡る鳥は、いったい人間に対し、教えるべきものを何一つ持っていないのか？

鷲は太陽を、みみずくは闇を読まないであろうか？　暗い樫の木の下にいて、たいそう重々しく見えるあれら大きな牛たちの長い夢想の中には、何らかの思考が無いのだろうか」

（同、一八七―一八八頁）*

＊ Michelet, *Les Origines du Droit Français*, Œuvres Complètes III, Flammarion, 1973, p.628 に該当する。

『フランス法の起源』には、さらに次のような言葉も見出される。古い時代には、今日では忘れているような道徳的感性 moralité があって、「**動物たちもしゃべっただろう。**（…）**人間たちは彼らとさほど離れてはいなかったのだ。命ある存在** Les êtres animés **はまだ兄弟たちだった。こうした素朴な信仰が、至るところ野蛮な法のなかで見出され**」（ibid. p.622）たというのだ。

野蛮な時代、未開の社会は、命ある万物への偏見や軽蔑を持っていなかった。だからもう一度あの原始的感性と共に人間が生きていた時代を蘇らせること、それが古代インドから一挙にフランス革命へと流れ下ってくる、法と理性の大河を認識させるものとなるのではないか。このあたりから『人類の聖書』へと進む道筋が、かなり見えていたような気がする。

こうした自然への共感と言える姿勢から、最も遠ざかっているのは、あの恐怖政治時代を動かしていたと思われる「絶対理念」の働きだろう。すでに『フランス革命史』の一部を紹介するときに言及したものだが、ミシュレはこの『民衆』を書いている時期、「絶対理念」という概念をまだ見出してはいない。しかしそうしたものの働きには気付いていたらしく、次のように述べている。

「歴史は恐怖政治のあの特異な現象を、いまだ仔細に検討したことはない。(…) ここで私に言えることのすべては、あの幻影に満ちた民衆の光景の背景にあって、その首謀者であるわれらが偉大な恐怖政治家たちは、まったくもって民衆出の人間ではなく、ブルジョワであり貴族であったということである。つまり彼らは教養ある精緻な奇妙な精神の持ち主で、詭弁家でスコラ学者的な者だったのである」(同、一二六頁)

そしてこれに続いて共産主義についても言及しているのだが、「恐怖政治と共産主義」は「民衆を」(同) おびえさせるための二者に他ならないとする。それら二者には、必ずそれらを正当化する「精緻な」理論が用意されている。その精緻さは中世スコラ哲学並みだというのだ。そしてそれは何らかの形で正義と悪とを弁別するものだろう。広い意味で、生命の働きを弁別し、孤立させる方向へと向かわせるものだろう。

「**生命は生命と出会うと輝き出て磁気を帯びるが、孤立すれば消え入ってしまう。生命は自らとは異なった生命とまじりあえばまじりあうほど、他の存在との連帯を増し**」（同、一二九頁）ていくとも語っている。

「**フランスの近代的スコラ哲学の中で育てられた人々が、世界を変革することはないであろう……そうではなく、本能の人々が、インスピレーションの人々が、**（…）**世界を変革するであろう**」（同、一三〇頁）。つまり民衆がということだ。今の世を指導し支配している「**金持ちやブルジョワたち**」（同）に、そうした期待は持てないのだ。

しかし、とミシュレは言う、「**私はまだ彼らの息子たちに希望を抱いている**」（同、一三一頁）と。これは、この書の一年余り後に語られる『学生よ』を予告するような言葉だ。

「民衆」とは何か――民衆、子供、自然

民衆とは何か、次のように語られる。「**民族においても、地質学における同様、熱は下の方にある**」（同、一三四頁）。知識が上空に燦然と輝いているものだとすれば、民衆的エネルギーは、大地に根づき、大地の奥深くに潜んでいるものなのだ。

ミシュレは言う、「**愛とは生命そのものである**」（同、一三六頁）と、また「**上の階級に上が**

れば上がるほど、人々は生き生きしていないように見える」（同）と。下の方にいる民衆の中にこそ未来へ向かう生命力が、愛があるのだと。

しかし「学問と反省の人々と、本能の人々との間で、どちらが第一歩を踏み出すべきだろうか？」（同、一四四頁）と問い、時間的にも考える余裕のある者たち（学生も含め）、彼らが第一歩を踏み出さねばならないとする。

と同時に「民衆的天分の真の産物は書物ではない。それは勇敢な行為であり、機知あふれる言葉である」（同、一六一頁）として、下から湧き上がるような行動力への期待を表す。「最も間近く本能に従って生きている下層と呼ばれる諸階級は、（…）すぐれて行動可能であり、（…）教養ある者の方はおしゃべりをし、言い争いをし、（…）虚《むな》しいたわむれの中でいらだっている」（同、一六二―一六三頁）からだというのだ。

そして分析や抽象化をもっぱらとする教養ある人々に対し、素朴な人々を称賛する。「素朴な人々とは、（…）生がそれを呈示するままに、それぞれの物をひとつとして、全体として、具体的に眺める」（同、一七〇頁）人だとして、子供こそそうした存在だとする。

「子供は、生まれながらの特性では、変形されてしまう以前は、民衆そのものである。卑俗でも荒々しくもなく、羨望も持たず、疑心や嫌悪感を抱かせることない民衆なのだ」（同、一七二頁)。

さらに「子供にあっては、若々しい民衆におけるのと同様、あらゆるものが凝縮され具体的で生き生きとした状態にある」(同、一七三頁)として、今日我々がいる「奇妙なまでに抽象的な状態を感じるためには、子供を眺めれば十分」(同)だと述べている。

そして「子供たちや死にかけている者を眺めると、(…)人間は気高く生まれ、気高く死ぬ」ということが分かるとし、「粗野になり卑劣になるためには、そして不平等を作り出すためには、人生の全作用が必要なのである」(同、一七六頁)とする。

一連のこうした言葉から分かることは、ミシュレの意識の中にあって、人は生まれた瞬間には皆、民衆だということだろう。社会的に様々な差異や区別が生じるのは、その後のことだ。つまり民衆とは、生命体ないしは動物の一種としての、つまり社会的差別化を受ける以前の人間そのもののことなのだ。

幼い子供を思いみてみよう。

「幼さというものは一つの年齢、あるいは人生の一段階というだけではない。幼さは民衆なのである。あの無垢の民衆なのである……概して生きるのにほんの少ししか持たないこの人類の花は、自然に付き従い、自然の胸の内にほどなく倒れかかってゆくに違いないのだ」(同、一七八頁)。

こうした一連の言説から見えてくるのは、民衆=子供=自然という認識である。生まれながらには、人間は等しく子供であり、自然であり、民衆なのだという確信とも言いかえられよう。いずれミシュレの中で、自然という存在が大きく立ち現れることになるだろう。だが彼の自然を巡る作品へと至る前に、他のいくつかの書を眺めておこう。

3　自然との一体化——『学生よ』『女』『万物の宴』を読む

若者の任務とは?——『学生よ』(一八四八)

コレージュ・ド・フランスの教授だったミシュレは、一八四八年前期の講義を四七年の十二月十六日から始めて四八年二月十七日まで、各週一回、合わせて十回行うことになっていた。

「なっていた」というのは、実は一月二日政府から講義中止命令が出て、中断せざるをえなくなったのである。時の公教育大臣サルヴァンディーがミシュレの講義を、学生たちにあまりにも危険思想を吹き込むものだと判断したからだという。それゆえその後の講義は毎回分小冊子にして出版、学生たちの許に届けたものであり、実際の講義は中止命令が出るまでの三回と、二月革命の動乱が一段落ついたあとの四月一日、「結び」として行われたもののみだった。

なぜミシュレの講義は危険視されたのか。今日から見ると理解に苦しむようなものだろう。彼が最初の三回にどんな講義をしていたか、見て行こう。

「書物に書かれていない歴史」――第一回〜第二回講義

十二月十六日の第一回講義では自らの来し方を振り返りながら、ここには「**自分の限界を示し、自らへの批判を教え、今日自分に欠けているものは何かと述べる人間がいます。――今日私に欠けているものを、皆さんは明日になればつくってくれるでしょう**」（ミシュレ『学生よ』大野訳、藤原書店、一九九五、八頁）と言って、若い学生たちへの期待感を表明している。

そして、ある婦人との語らいの中で自分が言った言葉を紹介し、あなたたちも同じような意識を持ったことはないかと問う。すなわち「**私たちは十分民衆のために行動しているのか？**」

（同、一〇頁）と。

そしてその時自らが抱いた問題意識を、今度は学生たちへと投げかけて行く。「あなた方はこんなにも深い社会的分裂にショックをうけませんか？　いたる所でわれわれの間に立ちふさがっている、あの壁が、障壁が、障害が見えませんか？　金持ちと貧しい者との間で扉は開かれているでしょうか？」（同）。

そして語りかける。「われわれ自由な時間と知識とに恵まれている者と、労働する人々との間で事情は同じであろうか？」（同、一一頁）と。そして束縛の少ない自由な我々こそ「もう一方の者たちと出会うために歩を進めるべきではないか？（…）地球のあらゆる地点から発してくるあの苦痛にみちた声、いまだ肉体的苦しみの声であるという以上に、自らを探し求め、自己表現しようと欲しながら、それが出来ないでいる黙した思考とも言えるそうした声」（同、一二頁）にこそ、耳傾けるべきではないかと。つまり教養ある我々の務めとは、教養を持とうとしても持てないような人々へと目を向け、そうした人々に心を寄せ、彼らのために尽くすことではないかと。

さらには、ここに居る諸君のような若者の任務とは、日本で「子は父母の鎹《かすがい》」と言われるような意味で、「子供が家庭内の仲介者であるのと同様、若者は都市における仲介者となるべき」

（同、二二四頁）だとするのである。ここでいう「都市」とは人間が集い寄って共に生きる共同体という意味だということに留意しよう。

第二回講義では次のように語りかける。「**皆さん、**（…）**あなた方と民衆とのあいだで越えがたい溝がある**」。なぜなら「**人間たちのあいだにある最も強いきずな、〈思想の共通性が〉、この社会には存在しません。**（…）**教養ある人々は教養ある人々のために書いて**」（同、二二五頁）いるからだとする。

今日のフランスでは、みな「**エゴイストで、かたくなで、物質的な享楽やむきだしの利益追求に身をゆだねている**」（同、二二八頁）が、教養ある人々をひとくくりで非難することはできない、多くの例外もあるからだと言った後、次のように続ける。「**われわれに与えられているひどく抽象的な文化、思考をうんざりさせいらつかせる数多くの決まり文句、要するに学校教育**」（同、二二九―二三〇頁）にこそ問題があるのだとする。

そして言う。「**こうした抽象化、うるおいの無さ、孤立といった状態に一番苦しんでいるのは誰でしょうか？**（…）**若者なのです。／〈若い〉とはどういうことでしょうか？ 活動的で生き生きとしていて具体的で、抽象的なことの逆だということです。**（…）**いまだ全人的で、生来の自発性を保ったままだということです**」（同、二三〇頁）。

そうして、自らの歴史の方法論のようなことにも言及する。「**細部の歴史を知らないときに要約された歴史に取りかかってはなりません**」(同、二三頁)。何らかの大きな理念の発現として歴史はあるといった「大きな物語」は、ミシュレには無縁のものだ。ましてやその理念が絶対化されている「絶対理念」なぞ、決して信じることのできないものだろう。あくまでも一つ一つの生の現実から具体的に学び取って、出発していくほかない歴史、それがミシュレの歴史だ。

そのあと、大革命を体験した人々との出会いを語りながら、学生たちに呼びかける。「**皆さん、いっとき彼らと話してごらんなさい。皆さんは書物に書かれていない歴史に関する、あらゆることで驚いてしまうでしょう。書かれてあるのは、最小の部分、多分最も値しない部分です**」(同、四七頁)。

だからあれら日々去ってゆく(=死んでしまう)人々の話に、なるべく早く耳傾けてみよう、「**彼らは全員、事実の宝を持って**」(同、四七―四八頁)いるからだ。王立(のちに国立)古文書館の主任を務め、ということはそれまで誰も見ていなかった古文書を数々解読していたミシュレが、同時に多くの人々から、かつて体験したことどもを聞き歩いていたという事実が、こうした言から伺える。

そしてこの第二回講義の結論として次のように述べる。「あんなにも人工的な教育は、各人から半分の人間を、思弁的な半分を作ることになります。こうした半分は、完璧な人間を創るためには、もう一方の半分を、本能と行動の半分を待つことになります」(同、五一頁)。

女、子供、民衆——第三回〜第四回講義

第三回講義では「反＝教育」の話をしている。

「ここでいう〈反〉とは、〈反対〉ということを意味してはいません。そうではなく対をなしていること、調和を保った形で対立しているということです。(…)／この〈反〉＝教育、これが書物と公式の教育に生気をよみがえらせてくれる唯一のものですが、これを若者たちは人生の最も教育的な形態である労働と苦悩の中で、とりわけ見出すでしょう(…)。若者が、自らの間近にありながらほとんど気づいていないあの広大な労働の世界に、共感こめた研究と思いやりあふれた心とをもたらすなら、報われることになるでしょう。(…)それは勇気と忍耐についての教えであり、(…)際限ない悪の中で際限ない意志を持つといったことです。(…)／もしそういうことになったら、ある偉大なことが起きるでしょう。

精神的統一が取り戻されるでしょう。（…）／若者よ、心において民衆でありなさい」
（同、五四―五五頁）

肉体的労働と精神的労働の統一を成す、全人的存在が必要だと説いているのだ。また皇帝のような社会的に偉大な存在にも卑小な面があり、民衆の子供のような小さな存在にも偉大な面があることも覚えておこうと説いてから、「**登場したとき、ほとんど子供だったオルレアンの乙女の話を読んでご覧なさい**」（同、六四頁）と次のように語る。

「**子供というのは、つまり大したものなのです。勤労階級にあって子供がいかにしばしば大人以上であるか、見なかった人がいるでしょうか？　子供は、過重労働によってまだ変形されていませんし、堕落させられてもいません。少なくとも金持ちの息子と平等です。私たちは生まれる時と死ぬ時にはみんな平等です**」
（同、六四―六五頁）

こういって子供を語ったあと、ミシュレは女について述べる。そして女によって、いかに家庭が守られ子供が育てられてきたかを力説する。「**一般的に貧しい家庭の女は、一家の救いの**

神だと言うことができます。これらの階級が不幸に打ち勝ち、何世紀にもわたって生き延びてきた理由は、貧しい女独特のエネルギーと、家庭における支配力があったためです」（六六頁）と言い、特に民衆の女の功績をたたえる。

男にとって国家が問題なら、女にとっては「託児所、保護施設、学校」といった「子供という民」（同、六八頁）にかかわることが問題なのであると。そして結論づける。「子供や女のことを考慮に入れない人々は、未来については何も知ることはないだろう」（同）と。

さらに言うのだ。「成長しているのは誰でしょう？　子供です。渇望しているのは誰でしょう？　女です。熱望し上昇してゆくだろうのは誰でしょう？　民衆です。／そこにこそ未来を探し求めねばなりません」（同、七三頁）。これをもって第三回講義は終わる。そしてミシュレの講義そのものが中断させられる。

いったいこうした語りのどこに、危険思想が含まれていたのだろうか？　今日では全く了解不能のような理由で、ミシュレの講義は中止させられたと言うほかあるまい。二月革命直前のことだった。

その後予定していた講義内容を小冊子にして学生たちに手渡していったのだが、各回から、気になる箇所を挙げておこう。第四回講義には次のような一節がある。

「金持ちの息子は金持ちではありません。ましてや所有者ではありません。彼は相対的に貧しいのです。彼は人に依存し、待っています。(…)彼の若々しいエネルギー、年齢ゆえの真心、気安く人間関係を取り結ぶこと、それが彼を容易に民衆に近づけさせます。彼は医者になったり実業家になったりするでしょう。だが今日、彼は人間です。彼はまだ人間たちに関心をもっています」(同、八九―九〇頁)

学生という身分の若者たちに向かい、人間であれと呼びかけているのだ。社会的差異化を経る以前の、今現在の心を忘れるなと説いているのだ。生まれたときの人間はすべからく民衆である、という認識と通じるものだろう。

これが命ある万物の一員としての人間という認識へと拡大すれば、すなわち、生命体としての自己、差異化を受ける以前の自己を知るようになれば、人間としての自己も、他の生命体と本質的にどこが違うかと気づくことになり、少なくとも他の生命体、鳥や虫や海や山の動物たちへ、「関心をもって」生きてゆくこととなるだろう。

神とは、孤独とは——第六回〜第九回講義

第六回目の講義には次の言葉が見出される。「〈宗教〉と言うとき、私は宗教的〈形式〉という意味で言っています。宗教心なるものは、幸いにも、この点では無傷であり、この世において永遠です。**私が心の中で、それを永遠と感じているのと全く同様に**」（同、一三六頁）。すなわちミシュレはキリスト教等の批判をするとき、それがさまざまな形でもっている形、典礼とか教義とかの問題点やそれが内蔵している、いうなれば「絶対理念ないし絶対観念」といったものを、批判ないし非難するのだということだろう。彼のなかにあって宗教心と言えるものは、いかなるときにも失われてはいないということだろう。

第八回講義から。「**今日までの政治は、いまだ野蛮状態にあるのです。**／**政治が、そうした状態からもう一度脱するために第一に必要なことは、心が変わることです。対立する階級が、自分たちを結びつけているきずなをより良く理解することです**」（同、一七四頁）。

そうした理解を深めるためにも、何よりも教育が大切になる。「**教育は人間に、人間が自らの中にもっているものを教えます。定かならぬ萌芽として持っていたものを、十全の光のもとに表し、明らかにし、示すのです**」（同、一七六頁）。教育の重要性はこの後ミシュレが、ことあるごとに強調するテーマとなる。

第九回講義では、「**生とは、とりわけ統一**」であり、「**生き物は、人間がそうであるように、そのすべての部分において深く連帯して**」（同、一九四頁）いると語ってから、他者と連帯して行くためにも、孤独に耐えることが重要だと説いている。「**孤独とは何でしょうか？**（…）**力強い心情の集中であり、自らを準備し、将来に備え、精神力を蓄えることです。孤独とは、一人の人間が人間達に捧げる最初の犠牲であり、ひたすら人々に尽くすために、人々から離れるということです。孤独であるのは、社会的人間関係を持ちうるようになるためです**」（同、一九八―一九九頁）と説いている。いかにも教師、それも人生の教師としての面目躍如たる言葉だ。

さらに少し先では次のように語る。「**精神的世界の核心、それは創造することなく創造すること、すでに存在していたものを創るということです。教育は子供の中に、子供が自らの精神に持っていたものを創り出します。法は社会の中に、すでに人間の意志に存在していたものを創り出します**」（同、二〇〇頁）と述べてから、宗教も同じで、人間が名づけることができないまま、その存在を感じ取っている神の名を伝えるものだと説明する。ユダヤや、キリストや、イスラムの神を否定した後でも、「神」としか呼ぶほかないような、大いなる存在を信じることは出来るといった思いを、ひそかに伝えるような発言だろう。

「心の革命」を——最後の講義

最後の第十回講義。「言葉ではなく物事を」(同、二一一頁)、つまり行いを、ということが私の求めることだと語りだし、「文学も(…)具体性と事実性を帯びるとき、一つの〈行動形態〉となる」(同、二一一―二一二頁)とし、そこにおける「言葉の目的とは(…)物事のより人間的、かつより正しい秩序の上に、〈友愛を基礎づけること〉」(同、二一二頁)なのだと説く。

そして友愛による社会全体の一体性を求めて言う。「どんな改革も、政治的革命も、学識ある階級と庶民階級との、教養ある階級と教養なき階級との、同盟に基づかなければならない」(同、二一二頁)と、そして「私たちは民衆なしでは、良いことは何一つなせないだろう」(同、二一三頁)と。

最後に、コレージュ・ド・フランスに復帰した後、四月一日に行なった結びの講義で表明された次の言葉を紹介しておこう。

「革命は外的な表面上のものであってはなりません。革命の中に入り浸透していかなければなりません。ひたすら〈政治的〉でありすぎた最初の〔一七八九年の〕革命以上に、深いものでなければなりません。——〈物質面の改善〉にほとんどもっぱら気を奪われている社会主義者たちが欲する以上に、深いものとならなければなりません。——革命は人間の奥底に行き、魂に働きかけ、意志に到達しなければならないのです。革命は欲せられた革命、心の革命、〈道徳的かつ宗教的な〉変革とならなければならないのです」

（同、二四一頁）

この一連の講義録は、ミシュレの死後一八七七年、「学生」*L'Etudiant*というタイトルで一冊にして出版された。それゆえこのタイトルはミシュレ自身によるものではない（ということから、訳書では『学生よ』というタイトルにしてある）。その後も再刊されたことがあるが、新しいものでは一九七〇年ガエタン・ピコンの解説を付して出されたものがある。

一九六八年のいわゆる五月革命が起きたときに、パリの学生たちが中心になって広く社会に対し求めたものと、一八四八年の二月革命時に、ミシュレが学生たちに訴えていたものとが深く通じていると、ピコンが驚愕の思いで感じとり出版したものだ。そういう事実からも、この講義が今なお持っているだろう意義を考えることもできよう。

自然と一体化した存在――『女』（一八五九）

次に『女』（一八五九年刊）に移る。この作品では十九世紀前半期のフランス社会における女の姿が、その社会的機能、地位、役割といった角度から種々描かれてもいるが、今日から見るとあまりにも古い昔の話である。それゆえミシュレの女性観、自然観、宗教観等に係る箇所を中心に眺めてゆきたい。

自然と一体化した存在

ミシュレの女性観の中心には、女が男以上に自然と一体化した存在だという基本認識がある。「**月ごとに愛の苦痛を思い知らされるから、彼女は時間のリズムをはっきりときざむことになる**」（『女』大野訳、藤原書店、一九九一年刊、二八八頁）。つまり月経のことだ。男は「**一日一日時間の進路を計ることもなく、めくらめっぽうに進んで行く。――ところが彼女は時間の流れをはるかに良く感じとる。そしてその流れに合わせてゆく**」（同）というのだ。

女が男より時間の流れに敏感なのかどうか、人さまざまだろうし、筆者には良く分からない。

しかしミシュレはそう思ったということなのだ。なぜなら月々の苦痛によって、女たちは否応なく自らが自然のリズムと共にある、自然と一体化した存在だと感じているに違いないと思ったからだろう。男にはそこまで自分が自然の中にあるといった実感は、少なくとも一般的にはないと言える。だからこそ男は、自らを自然を超える存在、自然をも支配できる存在と錯覚しうるのかもしれない。

『女』にはつぎのような表現もある。「**彼女は『自然』の奥底から湧き出てくる荘厳な歌を聞く**」（同）。女は男よりも一層大自然に近いものなのだということだ。

そして教育者フレーベルの業績を紹介しつつ、その中でも特記するのは、「**彼は植物的生命への愛にも、彼女**〔フレーベルの娘〕**を目覚めさせた**」（同、一〇二頁）という一点だ。男の子、女の子に関係ないだろうが、「**子供が過ごすべき真の生活は、田園生活である。町にいてさえ、出来る限り植物と一緒に生活させるべきである**」（同、一〇三頁）と言った後、特に女の子は、「**たった一本の**」（同）花からでも多くを得ることがあるとして、「**この花を、心をこめて付きっきりで見つめること、そして植物と空気や季節の影響との関係を教えてもらうこと、ただそれだけで一つの教育がまるごとなされたことになろう**」（同）と述べる。そして季節の巡りの中で、彼女がどんな学びを得て行くかを空想（と言ってよいだろうか？）するのだ。

「冬、二月、散歩の途中で、幼い少女は木々の枝に赤みがかった芽が芽吹いているのを見つけ、ほっと息をつきながら尋ねる。『もうすぐ春になるのかしら』。そして突然叫び声をあげる……自分の足もとに春を見つけたのだ……ふちに緑の斑点のついた小さな銀色の鐘みたいな形をした花、ユキノハナが、その年の目覚めを告げていた。／太陽がほどなく力を回復してくる。三月になるととたんに、変わりやすく気まぐれなういういしい日光を浴びて、ごくごく小さな一つの世界が現れてくる。（…）サクラソウやヒナギクといった花の子どもたちである。それらの金色をした小さな花冠は、自分たちがお日様の子供たちだと語っている。（…）／何という喜び！　何という驚き！　この無邪気な草花たちは自分のために咲いていているように少女は思う」

（同、一〇六頁）

ミシュレはこの少女に、さらに語りかける。**「お前が遊んでいた間に、自然の大きな働きがなされたのだよ」**（同、一〇七頁）と。大地は緑の着物を、人間たちのつつましい兄弟姉妹である雌牛や雌山羊や雌羊のために、美しい草原を準備し、乳やバターを与えてくれると述べてから、新鮮な野菜や果物、薬になる花々や薬草類を挙げ、さらに**「ここに大いなる母性が生み出**

す至高の作品がある」(同)として、マメ科植物やイネ科植物を紹介、そして諭す。「わが娘よ、ヒナゲシや矢車菊の何も生まない不毛の輝きで飾られた金色の草の海が、風にざわめき揺れ動くさまを見て、それらの花を探しゆく軽薄でそそっかしい娘のまねはするな。(…)この善き麦を尊びなさい」(同、一〇八頁)と。

やがて秋となり、「小麦が刈り取られ、打たれるか打たれないかのとき、目立たない小さなブドウの木は(…)その美酒を準備している。わが娘よ、ここにはなんという仕事があることか!」(同、一〇九頁)。

そして言う。「秋も終わる頃、季節が色あせたとき、風を待つこともなく木の葉が実に穏やかに地面に落ちてゆくのを見たことがないか? どの葉も、途中でくるりと回転しながら、すっかりあきらめきった様子で、何一つ音も立てず苦情も言わず舞い降りてゆく。植物は(たとえ自分では知らなくても)少なくとも自分が姉妹を養う責任を負っているのを、そしてそのために死ななくてはならないのを感じている。だからたいそう喜々として死んで地面に横たわる」(同)。人間が自然と一体化して生きているという現実を、いまいちど再確認するための記述だろう。

これは、この自然の中で「さまざまな生き物を作っている物質が交替しており、自然に物質が循環していることを」(同、一一五頁)教えるものであり、それは人間にもあてはまることであり、われわれもまた「**完全に死んでしまう前に毎日少しずつ死**」（同、一一六頁）んでおり、そして「**無実の生き物の死とひきかえに体力を蘇らせている**」（同）ことの確認でもある。

自然、宇宙、愛

これらはすべて、「**宇宙という母の中で**」（同、二四九頁）の営みにほかなるまい。宇宙の摂理の確認とも言えよう。「**過去や未来の、思い浮かべられないような何千という宗教にあって、『自然』の有する母のような摂理が称えられているが、その摂理は変わることなく存続するのである。最高の大異変が、わが小さな地球を粉々にしてしまおうと、自然の摂理はこの宇宙と同様破壊できないものとして、やはり持続するであろう。宇宙に魅力と生命をもたらしているのは、自然の摂理なのだ**」（同、二七七頁）とも述べる。

こうした言葉から推し量れるように、ミシュレには宇宙の、大自然の、母なる摂理としか呼べないようなものが、はっきりと見えていたのだ。これは一言でいえば循環的世界像と言えよう。よしんばビッグバン（ミシュレが知っているはずもないが）からこの宇宙は始まり、それ以前などありえないのだとしても、そしてこの拡張してゆく宇宙に、その拡張が終わることなどないのだとしても、宇宙内部においては永遠に循環が行われてゆくだろう。それは、宇宙そのものと同様「破壊できない」自然の摂理ということになろう。

さらには「**小さな地球を粉々にしてしま**」うのが、天変地異の大異変ではなく、愚かな人間の作りだした巨大な核兵器のような物だったとしても、「自然の摂理」は「破壊」出来ず、宇宙における循環は中断されず、永遠の中で、新たな生命とも呼べるようなものが生まれ、永遠の中でなら、今の私たちのような存在さえ、再び出現することもあり得なくはないだろうと、そんなことさえ考えさせるような一節となっているではないか。

こうしたことを述べている章（「愛の交感――自然のための祭式」）の冒頭は、「**私は神なしではすませられない**」（同、二七六頁）という一文だが、ここで言う「神」とは、ローマ教会の掲げる神であるはずもないと思われる。いかなるものを神と呼ぶのか、ミシュレは明確にはしていない。が、前後の文脈からして、人間を超えて永遠にあり続けるだろう、宇宙にみなぎり循環する命、永遠なる自然の摂理のようなものをイメージして、「神」と呼んだのではなかろうかと推測されるのだ。

いずれにせよこの『女』は、女が本来的に自然と深く離れがたい存在だということから、「**他者との関連性を持つということこの性格ゆえに**（…）**一つの宗教となる**」（同、九六頁）という基本認識を示す。そこから、女と自然と宇宙の摂理とを同時に考察するような作品となっているのだ。「関連性」、つまり何らかの他者との結びつきを前提とする有り方からは、愛の問題が出てくるだろう。「**この世において女が目指すもの、その明白な使命、それは愛である**」（同、九七頁）という言い方は大変誤解を招きやすいかもしれない。

「**彼女は愛し子供を産まなければならない。そこにこそ女性の神聖な務めがある。だがこの言い方に関し誤解のないようにしておこう。もし結婚せず母親にならなかったとしても、女は教育者となるだろう。それゆえやはり母の役をはたすのであり、子どもの心を作り出すことになるのである**」（同）と弁明めいたことをも書いている。

ミシュレの思想にあって、愛は男女間にとどまるようなものではなかった。さらに広くあらゆる人間を、否あらゆる生命体を結びつける原理として考えられていた。宗教 religion とは、語源的に見て「集め結ぶ」という意味を本来持つものだとすれば、愛によって他者と結びつき一体化する役割を担うものは、すべて一種の宗教となるだろう。女は「**一つの宗教となる**」と言ったゆえんだ。

こうしてこの『女』は、自然や宗教の問題をも考えさせる作品となった。ミシュレは女を自然のリズムに月々支配される弱い者、それゆえ庇護せねばならぬ者と見ていたふしもあり、女性を擁護せよと言いながら、女性を蔑視ないし軽視しているのだ、といった反発をも生み出していた。彼はフェミニストなのか、反フェミニストなのかといった論争も生まれた。

しかしこの作品で最も興味深いところは、キリスト教的な一本道の歴史観を超えて、循環するという世界像を呈示し、自然への関心を展開していったところであろう。ここから彼の自然を巡る作品群への距離は極めて近い。だが、そうした自然関連の作品を眺める前に、『万物の宴』を一瞥しておこう。

世界と私との一体化——『万物の宴』(一八五四)

『万物の宴』は、一八五三年から五四年にかけておよそ八か月、妻アテナイスと共に北イタリアに滞在した折に書き始めたものの、その同じ期間に、中世史のところで中断していたフランス史の、次の時代「ルネサンス」への関心を深め、そちらの研究へと入っていったこと等で、途中放棄されてしまった作品である。

ミシュレの死後『宴』という題でアテナイスによって出版されたが、これはアテナイス自身の手が大幅に加えられたもので、二十世紀半ばすぎに、ミシュレが書き残した元の形のものが、やっと発表された。* そこには北イタリアの厳しい自然条件の中で、厳しい生活を強いられている貧しい人々の姿が活写されている。そこにあるいくつもの断片において、大自然と人間の営み全体への考察を深め、この世に生きる本質的意味といったものを思い見たもの、というのがこの作品であろう。ここでは特に注目すべき断片を紹介しておく。

＊フラマリオン版「全集」第十六巻、一九八〇年。なお藤原書店から二〇二三年に刊行した大野と翠川による邦訳は、アテナイス版の一章にある『万物の宴』のタイトルを借用した。

星々と山々との友情

「山々、星々、トカゲたち」は、この北イタリアの地で一冬過ごした間に、ミシュレが結んだ自然との友情を語る章である。

「**この国ではあなたが物たちのほうに行く必要はない。物たちのほうがあなたの所に来るように思える。異常なまでに澄み切った空気が、彼らをくっきりと目立たせ、彼らはあなたの目そのものに達する**」(訳書『万物の宴』、三三三頁)。

こう語り出してから、自然は自分に向かい次のように言っているみたいだとする。「**君が私の所に来るのではなく、私のほうが君の所に行くよ……君もね、遅かれ早かれ私の所にくるのだ……君は私のもの、君は私に属しているのだ**」(同、三四頁)。ここでしゃべっているのは、天空遥かをゆっくりと経巡っている夜の星々だ。

「夜は、昼の明かりの千倍にも値する。それは光の真の祝祭となる。(…)天の旋回運動にこれほど興味を感じたことはなかった。わたしは星々を知り始めた。(…)そう、天文学的にではなくいわば個人的に、親しき者として。その方面は無学で、学術的な名称は知らなかったから。ただ親しみを表す小さな名前をつけては、星々相手に話をした。(…)彼らの完璧な時間の正しさ、自分たちの働きを見えるかたちで懸命に果たしている様子、それらをわたしは労働者の鑑、模範、教訓のように眺めていた。(…)彼らの運行は計算できるものだとして、だからといってそれらが人的存在でないとも、また引力にしたがっているので、そこに義務の感情や世界に役立っている喜びが結びついていないとも、言いきることはできない」(同)

これが星々と結んだ友情だった。星たちがまるで心を持ったような存在として立ち現れてきている。人間と同じく生きて語り合える存在として。そう、この時ミシュレの意識の中で、この宇宙の万物が命を持っていたのだ。次に眼下の海が来る。

「もう一人の人的存在、それはわが足元に白波を立ててやってくる青く美しい海だった。おお！　海は付き合おうと言いたげにやってくるのだ。新しいこうした友愛関係のなかでも、海は一番おしゃべりが激しく、一番人を招きよせ、（…）つねに楽しませ、常に変化に富み、無限に多様な姿を見せる」（同、三四―三五頁）。

それからミシュレはこの海を覗き込んで、「エメラルド色をした緑の海藻や、あるいは白や黒の喪柄のような大理石の美しく輝く塊」（同、三五頁）を見つけては、うっとりとする。

さらには海を取り囲むようにしてある山々に目が行く。「それらは、いっそうしっくりとくる堅固で重々しい人的存在だ。少しずつ、わたしは（…）それらの特徴を理解し、それらの沈黙の言葉を聞き、当然のことながらそれを喜ぶようになった」（同、三六頁）。

「これら地肌がむき出しのやせた山々は（…）言っている（…）『ネルヴィ〔ミシュレ夫妻がこの時いた町〕を見てごらん、（…）生命の循環を、道路の行き来や水の流れを滞らせずにいたら、この町はさらにもっと美しく見えるだろうに！』／山が語るちょっとしたこうした言葉が、アペニン山脈の全歴史であったり、貧しいイタリアの歴史であったり、この物思う大地の内なる夢であったりする」（同、三七―三八頁）。このように述べるミシュレは、山々の言葉を聞いて、心の中でそれらと話をしていたことになろう。

トカゲたち、貧しさ

次にトカゲの話が出てくるが、明らかに命をもっているトカゲたちとは、山や海以上に話が出来たはずだ。こうした、この北イタリア体験から『鳥』、『虫』、『海』、『山』といった作品群への距離は近いだろう。だが先を急ぐのは止めよう。『万物の宴』におけるトカゲの話を見ておこう。

彼らとはミシュレが海辺の散歩にでかけたおり、岸壁で出会うこととなる。

「彼らの観察能力には、とてつもなく驚かされた。彼らはわたしのように、食事の時間や一人でいる時間をきちんと決めていた。逃げ足も速かったが、しかしあらゆる種類の人間から無差別に逃げるのではなかった。やがてわたしは、光栄にも彼らから無害な散歩者と見なされるようになった。わたしが近づくと、彼らはゆっくりと、いくらか距離はとるものの、恐れている様子は明らかになかった。年を取っていると思われる連中は、こんなふうにわたしを扱いながら、(…)未経験の年若い連中や全く小さい連中は(…)狼狽し取り乱し逃げて行った。(…)時には迂闊にも私の足もとにやって来ることもあった」

(同、三九頁)

次のような観察も記されている、「彼らは陽気で付き合いが良いように見えた。ほとんどいつも二匹ずつで動き回っていた、しょっちゅうお互いに追いかけっこをしていたが、(…)無我夢中になって喧嘩したり愛を求めたりしているのではなかった。(…)所有物を求めて、たとえば一枚の葉っぱを求めて争っているのを見たことがある。巣を作ろうとしてだったらしい。時にはもっと得難いもの、一羽の羽虫の所有を争っていた。／笑うなかれ。食べる物がひどく不足しているこの地方では、太った風味溢れる羽虫は、この種の連中にとっては、かなり贅沢な家畜なのだ」(同、四〇頁)。

こうしたトカゲの観察記のあと、ミシュレはこの地の人々の貧しさを描きだす。「山の上に住む者たち、乾燥した頂に吹き飛ばされた枯れ葉を集める哀れな者たちにとっての羽虫は、かの地の人々があああした悲しむべき仕事で稼ぐ、一五ないし二〇サンティームだ」(同、四一頁)と語り、さらに丘の中腹に住む者たち、丘の下に住む者たち、それぞれの「羽虫」を説明している。

いずれにせよこの地の人々は貧しい。そうした彼らがミシュレの意識において、トカゲの姿と重なり合うのだ。すべての生き物の運命が重なり合うのだ。万物に心があって、万物が同じように苦しみ、悲しみ、そして喜びあう世界、それが目の前に現れてきていたのではないか。この章以外にも、そうしたことを思わせるような箇所がないわけではないが、ここでは訳書最後の「あとがき」で引いておいた、『魔女』(一八六三年)のエピローグの一節を改めて紹介しておきたい。

ミシュレが一八六一年の秋から翌六二年の春にかけて、南仏のトゥーロン付近に居を定め『魔女』の構想を練っていた頃のある朝の体験だろうが、そこで見たきらめく天空の星や月の姿が、先に紹介した北イタリアの夜空の星々と通底するように感じられてならない(なお以下は筆者自身の訳による)。

「その場所は、すっかりアフリカめいていて、鋼鉄のような光を持ち、昼は目がくらむくらいまぶしい。だが冬の朝、とりわけ十二月の朝には、神秘的な光で満たされるのだ。わたしはきっかり六時に起きていた。(…)六時から七時にかけては素晴らしい一時《いっとき》だった。星々の強烈な光の(切っ先鋭いとでも言おうか?)きらめきが、月を恥じ入らせ、夜明けの薄明に抗っていた。朝日が差染める前、そしてその後、二つの光の闘いが行われる間、驚くほど空気が澄んできて、信じられないほど彼方が見えたし、はるか遠くからの音も聞こえてきた。二里も離れたところにあるすべてが見分けられた。ずっと向こうの山々のじつに小さな凹凸《おうとつ》も、木も、岩も、家も、地面の起伏も、最も微細なところまで、すべてが明確に現れてきた。わたしは、それ以上のことを感じた。自分が自由になり、翼を持ち、解放され、もう一つ別の存在になったように思えたのだ。清澄で、厳粛で、あんなにも純粋ないっとき……　わたしは自分に言った。〈え、何だって、わたしは、まだ人間なのだろうか？〉

何ともいえない青みがかった色が（バラ色の暁もそれを敬い、あえて染めつけていなかった）、聖なる霊気が一つの精神が、自然全体を、精神あるものにしていた」[*]。

＊ Michelet, *La Sorcière*, Garnier-Flammarion, 1966, p.286

最後の段落の「霊気」は éther、「精神」は esprit である。後者「エスプリ」という語は様々な意味を持っていて訳すのに難しい。場合によっては心としても良いだろうし、心の持ち主を指すこともあろう。いずれにせよここで、ミシュレは極めてまれな（とりわけ西洋人としての）貴重な体験を語っているように思える。彼はこの時、自己と自己をとりまく世界との区別などない、世界と私は一体化していると感じたのではないか。そして世界が、自己を取り囲む自然全体が、精神（＝心）あるものに見えてきて、互いに語り合い通じ合うことが出来ると思ったのではないか。

この『魔女』のエピローグが書かれたのは、先に言った通り『万物の宴』を書いていた時期の、さらに八年後ほどである。それゆえ自然への想いはさらにいっそう深まっていただろう。すでに『鳥』は一八五六年、『虫』は五七年、『海』は六一年初めに発表されていた。いずれにせよ彼の世界で、自然の占める位置は大きくなる一方だった。その最大の出発点に、北イタリアで過ごした一冬の体験があったことは確かだ。

Ⅳ

「環境の時代」への言葉

――『鳥』『虫』『海』『山』を読む――

海こそは、その潜在力の内に創造を始め、今なお火の絶えぬ坩堝なのであり、この場のあふれかえる雄弁をたずさえている。生命にむかって語りかけるのは、これまた生命以外のなにものでもない。

（本書二四五頁）

これまでにミシュレの書いた自然を巡る四つの作品名は紹介しておいた。それぞれがどんな作品か、これから発表順に見てゆきたい。まず『鳥』から始めることにする。

1 『鳥』(一八五六)

こういった書をなぜ書こうと思い立ったのか、『鳥』[*]の序文に詳しく書かれている。『万物の宴』を構想したあの一冬のイタリア体験が、いかに大きかったかが分かろう。

＊「鳥」の邦訳には『博物誌　鳥』(石川湧訳、ちくま学芸文庫、一九九五)がある。原則としてそこから引用するが、筆者自身で訳すこともある。そのときは Michelet, *L'Oiseau in Œuvres complètes XVII*, Flammarion, 1986 を使用し、O.C.XVII と略記する。

「イタリアはいつでも実り豊かな国だ。わたしにとっては、その窮乏や貧困によってもそうなのだ。アペニン山脈や、飢えに瀕したリグリア海岸は、その西側にあるわがフランスの豊かで豪奢な光景がなす以上に、自然への想いを目覚めさせた。動物たちがいないことで、その不在が感じられた。ほの暗いオレンジの園の葉陰がしんと静まり返っていると、わたしは森の小鳥を探した。あの無邪気な生き物たちの大いなる集団に囲まれていないと、人間の生活がゆゆしいものになると初めて気づいた。あれらの生き物の動き、声、戯れは天地創造の微笑みみたいなものだ。

わたしのなかで、一つの大いなる変革が生じた。（…）一八四六年『民衆』という本の中で述べておいた思いへと、あの〈神の都市〉へとたち帰ったのだ。そこではあらゆる慎ましいもの、素朴なもの、農民や労働者たち、無知なもの、無教養なもの、野蛮人、野生人、子供たち、さらには動物と呼ばれる他の子供たちでさえ、皆すべて、さまざまな資格で市民となっている都市だ。すべてが自分たちの権利と法とを持って、大いなる市民の宴に席を占めている。『わたしとしては次のことをはっきりと言っておきたい。もしも都市から未だ排除される誰かかがいるとしたら、つまり「都市」の法によってかばってやれない誰かが背後に残されているとしたら、わたしは中に入らず、城門のところに留まるであろうということを』。*

こうしてこのとき、「自然史」全体が政治史の一部門のように思われてきたのだ。すべての生きとし生けるものが、それぞれのつつましい権利をもって「民主主義」の内懐に入

らせてもらおうと、門をたたきにやって来る。上位にいる兄弟たちは、万物の普遍的「父」が世界の法において調和させている者たちを、どうして法の外へと押し返してしまえるだろう？

ゆえにこれが（…）おもむろに自然の科学へとわたしを導いていってくれたものだ。（…）イタリアはわたしに与えたのだ。あらゆるダイアモンドよりも価値あるものを、比類なきものを。いかなるものか？　精神の奥深い一致、最高に実り豊かな思索の伝達、「自然」を巡る想いにおいて、その中心をなす完璧な調和だ」

（O.C.XVII, p.62-63）

＊この『　』で囲った箇所は、『民衆』（訳書、二一九頁）からの引用。

ここからは『民衆』で説いた考え、人間社会で、階層的差別を超えて万人に等しい価値を認めるべきという世界観が、人間社会を超えて、この世に生きる万物に行き渡るべきだという考えへと広がったことが分かる。万物がこの「自然」の中に抱かれており、そして自然の究極には完璧な調和が、あらゆる矛盾を乗り越えた一致が、一言でいえば大いなる愛が遍在しているという確信だろう。

上に引いた箇所の少し前には、北イタリアで見たトカゲたちを思い出しながら、「**動物も人**

間も大してちがいない」（訳書、五二頁）と語り、そしてこの書『鳥』の目的は、「鳥を魂として示すこと、鳥は人〔人格・人物〕であることを見せること」（同、六〇頁）だと言っている。ここで〔　〕内の説明を加えながら「人」と訳されている言葉は personne であり、『万物の宴』で筆者が「人的存在」と訳した語と同じである。

ミシュレにとって星や海や山と同様、鳥も人的存在となっていたのだ。いや、星や海や山以上に、魂を持つもの、人に近い存在と感じとれるではないか。

鳥たちの子育て

「四足獣のような高等動物にあってさえ、母自身が長いあいだ子供にとっての巣であり、子供のたのしい家なのであるが、（…）母性による世話はきわめて僅かである。子供は母親とそっくりの姿をとり、着物を着て生まれてくる。すっかり用意のできた乳が彼を待っている。そして多くの種類にあっては、子供が母の腹のなかで成長している時と少しもちがわない程度の世話だけで、教育がおこなわれる。

鳥の運命はそれと異なっている。（…）／鳥は生まれても、そのときは裸である。四足獣の子供は、生まれたその日から着物を着ていて、はいまわったり、早くも立って歩いたりするのに反して、子供の鳥は（特にすぐれた鳥ほど）うぶ毛もなしに、あおむけにじっと動かないでいる。母鳥は、それを抱きかかえるばかりではなく念入りにさすってやって、熱を維持し、熱をおこしてやる。（…）雛鳥は、母鳥が食物をさがし、えらび、用意してくれるのを待っていなければならない。母鳥は雛を離れることできない。そこで父鳥が代わりをつとめるだろう。これこそ本当の家庭、愛における誠実さ、そして道徳の最初の光である」（同、六六―六七頁）

鳥たちの子育てへの讃美は、もっと先の方でも出てくる。『鳥』は二部に分かれているが、その第二部の最後の方にある「教育」という章では、次のようなことが語られている。ミシュレ（夫妻）がジョンキーユ（＝黄水仙）と名付けて飼っていたカナリアが、子供を産んだ時の観察日記である。

もともとジョンキーユは生まれたのが鳥籠 cage の中であり、親鳥が巣作りしてくれたのを見たこともなかった。そこで子供ができ、もうすぐ母鳥となりそうだと分かったとき、ミシュレ（ら）は籠の戸をあけ、雛の寝床となるような材料を、部屋の中から自由に集めさせてやったという。ジョンキーユは集めるには集めたが、その使い方を知らず、それらを籠の隅にまとめて詰め込んだだけだった。「建築技術は彼女〔＝ジョンキーユ〕にとって先天的なものではなく、鳥も（人間とまったく同様に）学ばなくては知ることがない」（同、二五〇頁）ことだったのだ。

そこでミシュレは出来合いの巣とまではいかなかったが、小さいかご corbeille を与えてやった。「すると彼女は、ふとんを創り、どうやらこうやら羽目にフェルトを貼った。それから十六日のあいだ、おどろくほど辛抱づよく、熱心に、母の献身をもって卵を抱いた。こういう骨の折れる姿勢をくずすことは、一日にわずか数分間だけであり、しかも雄が代理をつとめてくれる時だけに限られていた」（同）。

十六日目の正午、卵の殻が二つに割れ、「羽根のない小さな翼が小さな脚で巣のなかをはいまわるのが見えた」（同、二五一頁）。この第一日には、「母鳥は雛にただ飲みものだけを与えた。（…）ときどき彼女は、雛にもっとよく呼吸させるため、少し体を遠ざけ、それからまた、つばさの下にもどして、やさしくこすってやった。／二日目には、雛は〈はこべ〉を、しかしほんの一口だけたべた。それはまず父鳥がよく調理して運び、つぎに母鳥が受け取って、小声でさえずりながら渡してくれた。（…）／雛に必要なものがあるかぎりは、彼女は父鳥が飛んだり、行ったり来たり、自分の仕事をしたりするのを、放任している。しかし子供がせがむやいなや、母親はもっともやさしい声を出して養育者を呼ぶ。すると彼はくちばしをいっぱいにして、急いで帰り、食物をわたす」（同）。

このように何日間も観察は続く。「八日目、雛は呼ばれると目をあけ、たどたどしくさえずりはじめる。父鳥が自分で子供に餌をやってみる。母鳥は休暇をとって」（同、二五二頁）しばしばそこから離れている。そして「ほればれとわが子に見とれている。だが雛の方はじたばたして、運動の必要をかんじている」（同）。こうしてほどなく飛行の教育が始まるのだ。

こうした雛鳥の教育において「つねに認められる明らかな点は、すべてが、もっとも予見できないもの、本質的に変わりやすいもの、すなわち雛自身の力というものと、無限の用心深さをもって釣合いがとられていたことである。食物調理の量も質も方法も、保温・摩擦・清潔の世話も、こまかい点についての注意と巧妙さとをもって実行され、どんなにデリケートな、どんなに先見の明のある婦人〔もちろん人間の〕でもよもやこれまではと思われるほどに、臨機応変の処置がとられるのであった」（同）。

こうした鳥親子の姿を見ながら（同様の観察体験は多くの人がしているだろうが）、ミシュレは思ったのだ。

「ああ！　もしこれ〔＝鳥〕が機械であるとすれば、私自身はいったい何なのか？　そしてその時、私が一人の人間であることを、何物が証明するのか？　ここに魂が無いとしたら、誰が私に人間の魂を保証してくれるのか？　そしたらいったい、何を信用したらいいのか？　もしも私が、もっとも明らかに理性と分別を持った〔こうした鳥の〕行為から、そこには理性の欠如、機械仕掛け、自動からくり、生命と思惟とを演じる一種の振り子以外にはなにもない、と結論しなければならぬとしたら、この世界全体が一つの夢、一つの幻覚ではないのか！」（同、二五三頁）

この段落にミシュレの世界観の究極のものが示されているような気さえする。そして同時に鳥の教育から、彼の描く理想の教育、あるべき最も望ましい教育の姿も垣間見られるような気が。

人間と自然との友愛

これに続いて次のようなことも言っている。鳥だけではない。

「動物に魂を返してやったからとて、神に逆らうことになるはずはない。神は、人格〔個性〕personnesと魂と意志とを創造したとすれば、機械を制作したよりも、はるかに偉大ではないか！／傲慢をすてよ。そして敬虔な魂が少しも赤面する必要のない親族関係をみとめよ。かれらは何者なのか？　諸君の兄弟である。／彼らは何者であるか？（…）／子供の魂である。だが人間の子供のたましいよりも、はるかにいっそうおとなしく、ききわけがよく忍耐強い。大多数の者が、どんなにお人よしで、虐待や、打撃や、負傷を、（馬と同じように）だまって耐え忍ぶかを見よ。（…）／かれらは人間と同じ程度に愛するだろうか？どんな憶病な鳥でも、自分の子供や家族を守るためには、突如として英雄的になるのを見たら、どうしてそれを疑うことができよう？　子供のためには死を恐れない人間の献身を、諸君は毎日でもヒタキやイワツバメにおいて見いだせるだろう。かれらは鷲に抵抗するばかりでなく、英雄的な勇猛さをもって追跡さえするのである」（同、二五五―二五七頁）

愛、勇気、そして喜び、悲しみ、もう一度言おう。そうした感情としか呼べないようなさまざまな揺らめきが、彼らの中に、そう、心としか呼べないものとして間違いなくあるとミシュレは確信する。右の引用の中で「馬と同じように」という言葉が出てくるが、鳥と全く同様、馬に代表される動物たちにも、心ないし魂があることも、彼にとっては言を俟たなかったはずだ。なぜここまで強調するのか。それはヨーロッパの文化、キリスト教に染まった伝統のなかで、人間だけが特別に神から選ばれたもの、選良として、この宇宙で特権的位置を与えられたのだという、そうした世界観のもとですべてが語られてきたからだろう。

そうした世界観から決別してミシュレは語る。「〈**人間と自然との優しい友愛**〉、**人間生活を保護してくれた神々の代理者たる、もの言わぬ動物たちに対する宗教的な共感**」（同、一四二頁）と。古代インドやエジプトにはそうした共感があったろう。そして「**われら西洋の人間は永久に子供で**」はないかと問うのだ。そして「**子供であるというのは、生命を局部的な見解をもってしか把握しないことである。大人であるとは、生命の調和ある統一性を感じることである**」（同、一四一頁）と説く。動物機械論などという論がまかりとおるのは、西洋世界でしか考えられない事だろう。古代インドやエジプトへの言及からは、『人類の聖書』（一八六四年刊）への道も感じ取られる。

だが先を急ぐのはよそう。自然史（ないし自然誌）の次の作品『虫』を見てみたいが、その前に、『鳥』の中でも最も美しいと言えるかも知れない箇所、サヨナキドリ（＝ナイチンゲール）の一節を紹介しておこう。

「〔サヨナキドリの雄は、〕雌の抱卵という聖なる作業の行なわれるあいだ（…）、巣のなかにではなく、もう少し高い近くの枝にとまっている。かれは、少し離れていた方が声のよくひびくことを、見事なまでに知っているからだ。この高所の持ち場から、全能の魔術師は巣を魅惑し受胎させ続ける。（…）歌をもって、心をもって、（…）愛情と意志とをもって、さらに産み出す。／彼の歌を聞くべきなのは、まさにこの時だ。森のなかでそれを聞き、この受胎の力の感動を分かち持ち、隠れた大いなる神を、この世で感じ取らせる時なのだ。私たちの許をすり抜けてゆく神は、私たちの前を一歩ずつ退いてゆく。（…）サヨナキドリの声によって魅せられる夜に、私は自分のなかに忍び込んでくる神を感ずる。／（…）ここで打ち震え、燃えるように感覚に訴えてくるメロディーは、かしこでは微風の効果によって、大きく広まってゆく。それは森全体を満たす宗教的な歌となる。近くでは、巣と、愛する妻と、生まれるはずの息子とが問題であった。だが遠くでは、この愛人とも息子とも別だ。それは自らを歌い、自らを祝福する母にして娘、永遠の愛人である「自然」だ。あらゆるもののなかで愛し、あらゆるもののなかで歌う「愛」の無限だ。大地から大空へと取り交わされる、愛であり雅歌であり感謝なのだ」

（O.C.XVII,p.161）

ここでミシュレが感じている「隠れた大いなる神」とは、幾多の教理に絡みつかれている伝統的な絶対神でないことは言うまでもない。

2 『虫』(一八五七)

『鳥』発表の翌年、一八五七年に刊行された『虫』[*]は、それまでにフォンテーヌブローその他でなした昆虫たちとの出会いをもとに、先人たちの様々な研究を参照しながら、虫の生態や行動をミシュレなりに観察、分析、理解しようとした作品と要約できよう。

＊「虫」の邦訳には『博物誌 虫』(石川湧訳、ちくま学芸文庫、一九九五)がある。原則としてそこから引用するが、一部訳語を分かりやすくする等修正したところもある。ただし逐一指摘はしない。

そして「**万物の中心と自称する傲慢な人類**」(訳書、八二頁)が、それこそ虫けらとして無視しているようなこの生物群が、鋭い感覚を備え、ある種の感情を持ち、言語とも言えるような表現手段で意志疎通を図るようなことさえしているのを発見、結論部に出てくる言葉を借りれば、「**私たちは事物を研究するつもりで、魂たちを発見したのである**」（同、三一三頁）という作品だ。

過去と現在のすべての生命

虫に対する一般的感情として嫌悪と不安を挙げ、「**時には恐怖さえ覚える程度は、ちょうど私たちの無知に正比例するものである。しかも、ほとんどすべての昆虫が――特に我が国においては――無害なのである。しかし私たちは知らないものをうたがう。そして大抵の場合、ただそれを殺しさえすればよいと思っている**」（同、五三頁）と言ってから、ある年の六月、ノルマンディーの田舎でのある朝、自分がやらかしたある思い出を語る。「**カーテンもない東向きの部屋にねていた**」とき、「**どうしたことか、一匹の見事なマルハナバチが部屋の中にいて、日光を浴びてたのしげに飛びまわり、ぶんぶん羽音をたてていた**」（同、五四頁）。

ミシュレは起き上がり、ハチは外へ出たいのだろうと窓を開ける。ところがハチは、外が涼しくひどく湿っぽかったので、「**体をかわかしたり暖めたりするのに都合のよい**」（同）室内にとどまっていたかったのだ。何時までもぶんぶんやっている。うるさくてたまらない。そこで「**力ずくで追い出そうと決心して起きあが**」り、ハンカチを振り回して叩き出そうとした。するとうまく当たり、ハチは「窓枠の上におちて、もう飛び上がらなかった」（同）。死んだのか、気絶しただけなのか。

ミシュレは反省する。「私は自分のいらだちを責めた。人間はどんなことでも容赦しない――これが人間のわがままというものだ。人間というこの万物の王は、すべての王と同じく暴虐なものである。ちょっとでも意に任せぬことがあると、腹を立て、爆発し、殺す」（同、五五頁）。

そう、人類史の中で様々な権力者が繰り返し行ってきた暴虐を、彼はこれまで事あるごとに批判してきたのに、虫相手となると自分自身でやってしまった。きわめて平和なこの一時、「人間だけが神の平和を破ったのだ」（同）。実際にはマルハチバナは死んではいなかった。三〇分か四五分して、「力づよく飛びたつ（…）太陽に照らされてすっかり暖かくなっている庭」（五六頁）の方へと。

こうしてミシュレの心は晴れたのだが、その後スイスを旅行したおり、カブトムシやアリの死を見たりして、周りの雄大な景色を忘れさせられた体験をもとに考える。「何が大きくて何が小さいなどと誰が言えようか？　自然の胸中にあっては、また公平無私の普遍的愛のなかでは、すべてが偉大、すべてが重要、すべてが平等である。（…）目をあげてあの山々を見ようと、伏せてこれらの昆虫を見ようと、それは全く同じことであった」（同、五七頁）。そして虫以上に小さな生命体へも思いをはせる。

「かれらの遺骸をもって私たちのために美しい生命の舞台たる豊穣な地殻をつくってくれた原生植物や下等動物は、どんな正当な要求を私たちに差しむけることができるだろう！（…）／名もなき小動物たちは言うだろう。《人間が軽蔑したり知らなかったりするぼくらは、お前たちの耕地や宅地を準備してやったのだ。この土地を自分の骨でつくったのは、犀やマストドンの巨大な化石ではない。それはぼくらのもの、と言うよりもぼくら自身なのだ（…）》／小石でさえも、固い硅石《けいせき》も、かつては生命を有したのであり、生命を養っているのである」（同、六六―六七頁）。

こうしてミシュレの意識は、我々人間と無縁とはいえない過去・現在のすべての生命体へ向かうのだが、差し当たってまずは昆虫へと目を向ける。

「昆虫はまずこれら下等な生物の、動かずに待機している生存から独立している。（…）彼はおのれ自身で存在し、動き、行き来し、進み、戻り、自分の意志で方向を変え、自分の欲求・食欲・気まぐれに応じて決定や方針を変更する。彼は自足する。（…）／ここには早くも個性〔人格〕personnalité の最初の曙光があるのではないか？」（同、七二頁）。

こう気付いてから、「どんな生物でも、地球に対して昆虫以上に影響を及ぼすものはないだろう」(同、七三頁)と語り、虫たちの体の大きさと比べて、彼らの持つエネルギーの大きさに驚愕している。

親から子へ

そして彼らのほぼすべてが、子を作り生み出すときに死んでしまうのに、親から子へと引き継ぎがなされることに感心する。そして七月の暑い盛り、フォンテーヌブローで見た一匹のミツバチの話をする。

「彼女〔=そのミツバチ〕は疲れを知らぬ風で、何度も椿と夾竹桃の植えてある鉢のそばにやって来た。(…)だいたい五分間の間隔をおいて、木の葉(ばらだと思う)のきれはしをたたんで持ってきては、〔子育て用に〕巣を作っていた植木鉢の土のなかの深い穴にいれていた。/彼女は同じ熱心さをもって三日間はたらいた。そのあいだ、全然ものを食べたらしい様子がなかった。仕事に没頭しきって、すでに自分の生命の世話をかえりみないらしかった。/(…)すぐ近くによっても平気だった。彼女は何物をもおそれなかった。(…)

／四日目の朝になると、穴はふさがっていた。そしてもう蜂は見られなかった」
（同、七七―七八頁）

ミシュレたちは（妻アテナイスとともに）植木鉢の縁についていた土を取り除ける。「**底のほうに、まるで裁縫用の指ぬきみたいな形をした揺籃が二つ、だから子供も二匹居た。彼女らは必ずこういう心遣いをする。子供の数だけ小部屋がある**」（同、七八頁）。

そしてこの小部屋が、それぞれ二十六枚の葉で作られており、そのうちの六枚が入口を円形に閉ざしていることを確認する。そして「**底のほうにあまい蜜が少しばかりあった。それは彼女が永久に見捨てて行った子供たちに残してくれた最後の贈りものであった**」（同、七九頁）。

母蜂はこうして息絶えるまえに、子供たちが無事に育つようにと、飲まず食わず、懸命にこんな用意をしていたのだ。こういう「**仕事に没頭しきって、すでに自分の生命をかえりみない**」様子に、ただただ本能的にそうやっていただけだと、果たしてうそぶくことができるだろうか。本能ですべてが片付くことではないと、ミシュレは感じたに違いない。

どこに、どういう形で、何を使って子供のための巣穴を作るか、それはその時々、この親蜂の判断にかかっていたのではないか。判断をなすためには、きわめて朦朧としただけのものにせよ、何らかの意識を前提としなければなるまい。ミシュレ（とアテナイス）は、それからも虫たちの観察をつづけるだろうが、それは本能に従ってただ動いているだけの物体として、「虫機械論」の立場にたって、彼らを見ていることにはならなかった。

アリたちの言葉

ところでハチの次にミシュレが注目するのはアリだ。ある日テーブルいっぱいに広げた大きな白紙の上に一匹の働きアリを置き、ルーペを片手に詳しく観察、次のように述べている。

「それ〔＝触覚〕は目のそばに生えていた。そして目と同じく、あきらかに観察の器官であった。（…）触知したり模索したりするには打ってつけの道具だ。だが、ほかにもたくさんの用途がある。蟻はそれによって一瞬のうちに、かなり複雑な意見を伝達し合う。というのは、方向を変えたり、逆戻りをしたり、突然別の道を歩き出したりするからである。それはあきらかに、電信用語のような言語なのだ。この驚嘆すべき触覚器官は、その上にたぶん一種の聴覚でもあるのだろう――どんなかすかな空気の振動にもふるえ、あらゆる音波を感ずるほど動きやすいのだから」（同、一二三頁）

触覚が感覚器官であり、外部からの何らかの信号に反応するということは、どう見ても確かだろう。だがそれによって、別の蟻と触れ合うことで、「かなり複雑な意見を伝達し合う」とか、「電信用語のような言語なのだ」と言われると、はたして本当かなと思ってしまうのではないか。

この一節と通じ合うような記述が、もっと後のほうでも出てくる。アリが集団で共同生活をしていること、一種の社会を形成していることを、それゆえ生まれてきた子供にある種の教育がなされるはずだといったことを述べてから、ミシュレは言うのだ。

「この教育で、もっとも不明な、もっとも面白い点は、疑いもなく言語の伝達ということである。それは秘密結社を連想させるものがある。かれらはそれによって、多数の群衆に対してしばしば複雑な意見をつたえたり、一瞬間のうちに全縦隊の行進や全民衆の行動を変えたりすることができるのである。この言語は、主として触覚の接触、または大あごを軽く打ちあうことから成り立っている。かれらは(たぶん説得するためであろう)頭を胸部に打ちあてて言い張るのである」

(同、二二八―二二九頁)

ここでもアリの「言語」を主張している。

その言語が人間のそれとはまったく異質なものであるのは確かだ。昆虫全体に関して、次のように言っている。「**昆虫には呼吸の気配、息というものがない。して見れば、話をしたり嘆いたりするはずがあろうか？　彼には我々の言語のようなものは全然ない。音はあるが声はないのだ**」（同、一三七頁）。

それゆえ、語ることで想いを伝えあう可能性は一切ない昆虫たちに、コミュニケーションというものが一切ないのか。

「**そうではない。彼の運動や、反省をともなった多くの行為、また大きな動物たち以上に進歩しているその技術などから見れば、この頭のなかには何物かがいると信じたくなる。そして、生命の段階の最高度から最低度にいたるまで、魂というものは同じであると感じられるのである**」（同）。

動作とか行為だけで伝えあうべき意味を生じさせ、互いにそれを理解しあうこと、それもまた一種の言語活動ではないかと彼は匂わしているのだ。

昆虫は私たち人間に語りかけもしなければ、語りかけようともしないと述べた後、「**それは彼の内部にある生命の燃えるような強烈さを表現しないということであるか？**」（同、一五八頁）

と問うてから、ミシュレは次のように答える。

「どんな生物でも昆虫以上にはっきりとおのれを示すものはない。だがそれはかれの同類に対して、昆虫から昆虫に対してだけなのだ。かれらは内輪同志で暮らしている。それは外部に対しては、何も言わず、自分の世界だけにしか話をしない閉ざされた世界なのである」(同)。

「時には彼らは、露わな装飾――翅とか、飛行や軽快な生活(…)などによって語るのだ。かれらは、あの奇怪な色と模様のあるかがやく象形文字、度はずれな化粧の奇妙な媚態によって語る。かれらは光によってさえ語り、ある種の昆虫は、内部の浄化を目に見える焔によって示すのである」(同、一五八―一五九頁)。

そしてその一例として、「ブラジルやギアナの密林」(同、一六一頁)の一情景を、多分誰かの報告から知ったことだろう、次のように伝えている。


「社交好きなおとなしい昆虫である蝶は、翅ある同族をもって岸辺をおおい、草原全体をすばらしい花の敷物たらしめる。蝶のうちの蝶とも言うべきブラジルの美しい蝶は、ゆたかな青い色をきらめかせながら、暑い盛りに、花のさいた森のしげみの下の水の上をゆっくりと飛んでいる。この強力な自然の無心な王かとも見える、平和ですばらしい生物だ。

これにおとらず美しい虫たちが、次から次へとやって来る。堂々たる部隊は、青い流れをなして水の流れについて行く。／これが愛の言語である。こんなにもさまざまな色の無限の虹彩は、ほかでもない、愛の多種多様な表現なのである。（…）**／わが国でさえ、草むらにじっと動かないでいる小心なツチボタルは、闇のなかで恋する雄を恋する雌の方へ案内するところの小さなランプをともす」**（同、一六三―一六四頁）

これは「**光の言語**」（同、一六六頁）によってあらわされた、「**気にいられたい。愛されたいという**」（同）欲望、意志に他ならないのではないか。欲望にせよ意志、意欲にせよ、そうしたものの内在を想定するほかないものに、どうして心とか、魂とか呼ぶほかないものの存在を否定できよう。言語は音の振動をもって想いを伝えるだけのものではない。それ以外の手段で思いを伝えることのできることがあれば、それらはすべて、我々とは異なる形での言語ではないのか、とミシュレは言いたかったのだ。

このほかクモやその他の虫についても書いてはいるが、『虫』で彼が最も伝えたかったことは、ほぼ以上で尽きるだろう。本編の後ろに置かれている「注解」の中の、「本書の意味」という項にある言葉を最後に紹介する。

「そうだ、あらゆるものは生き、あらゆるものは感じ、あらゆるものは愛する（…）。生命の深淵は、もしもそのいたるところに魂の普遍性における普遍的な『愛』の熱とやさしさとを認めなかったならば、私には荒涼として不毛な、神なき場所と思われたことであろう」（同、三二七頁）

3 『海』（一八六一）

一八六一年刊行された『海』で、ミシュレは地球そのものの宇宙における位置を考え、宇宙における生命の意味にも思いを馳せようとしている。

「地球は大潮や小潮によって姉妹の惑星たちに語りかける」（加賀野井秀一訳『海』、藤原書店、一九九四年、四一頁）と述べているが、天体のなかでも太陽が、地球とのつながりの最も大きな星であることはもちろんだ。

「地上の花々が向日性をもつように、そうした花々を宿す地球そのものが太陽をながめ、彼を慕う。地球にある最も動的なもの、すべての流動体は隆起して、太陽の引力を一身にうけているというそぶりを見せる。水はあふれかえり、(力のかぎり)せり上がり、親しい星々に向かって日に二回その胸をふくらませ、彼らに対し、せめてものため息をつく」

(同、四〇頁)

そして親しい星々のなかでも月が最も親しい星であることも、また水のなかで最も大きな集合体が海であることも、言うにおよばないことだろう。

それゆえ海は地上にあって、宇宙と、宇宙の生命と、最高に深く繋がった存在となるだろう。「地球上に生命を誕生させた海」(同、二六〇頁)なのであるから、海を巡って考察した本書は、宇宙の中での地球と、地球上での海の意味ないし意義を追求した作品ということにもなろう。

「〔海は、〕もしも人間が、そこを支配している秩序を尊重するすべさえ心得ており、それを乱さぬよう心がけているならば、いぜんとしてこの生命の恵みの母でいてくれもしよう。／地球を救うために、海には固有の神聖な命があり、まったく独自の機能があるということを、人間は忘れてはならない。海はそこに調和をもたらすため、地球を維持し健全にたもつため、大いに貢献している」（同）

これは二十一世紀の今日にこそ、耳傾けるべき言葉ではないか。

地球をめぐる海

海水は絶え間なく流れ地球を経巡っている、その点にミシュレは注目する。「この地球にあって最も秩序立って均整のとれたものは、このうえなく自由に見えるもの、すなわち循環の働きなのである。（…）海の流れをひき起こし、塩水から真水をつくり出し、やがてそれを蒸気に変えて再び塩水にもどしたりする生命的な運動、この驚くべき海のメカニズム（…）、われわれの静脈血と動脈血との絶えまない変化と、これほど似ているものはあるまい」（同、三二一頁）と語っているが、海の流れと血液の流れとを、生命活動の中枢にあるものとして、ほぼ同一視しているみたいなのだ。

つまり動物たちの命が何よりも血液の循環によって示されるものだとすれば、海流は地球そのものに命あることを何よりも示しているにちがいないと考えたのだ。

そしてヨーロッパを出発した舟が、「赤道へと近づくにつれ、爽快な微風はやみ、大気は重苦しくなってくる。こちら側の北半球の貿易風と南半球の貿易風とを分かちながら赤道上をおおう、無風帯に入るのである。雲が重くたれこめ、激しい雨が襲いかかる」（同、三三—三四頁）と伝えたあと、それがいかに人間たちに役立つ現象かと説明し、次のように言う。

「どこかの惑星に観測者がいて地球をながめているとすれば、彼はそこに、われわれが土星の環を見るのと同じように雲の輪がたなびいているのを見ることだろう。そして彼がその輪の効用を知ろうとするならば、こう答えてやることもできるだろう。すなわち、それは調整装置であり、吸いこんだり吐きだしたりを交互にくり返しながら、蒸発と降雨とのバランスをとり、雨露を配分し、各地の熱を変化させ、二つの世界の蒸気を交換し、北半球にあるわれわれの世界の河川をつくるのに必要なものを南半球からもってくるのだと。実に驚くべき連帯性である」（同、三四頁）

今では宇宙空間を飛ぶ人工衛星から地球を見下ろせば、誰でも気付くような事実だろう。そんなもののなかった十九世紀に、ミシュレは想像力を働かせ、地球をこんなふうに見下ろしていた。こうした想像力から、たとえばこの地球上には、物理的存在としての国境のようなものは、全く見えないといったことにも、気付いていたに相違ない。

さらには「**大地は沈黙し、海は語る**」（同、三二〇頁）と言って、次のように述べている箇所もある。

「**海は一つの声であり、その声は、はるか彼方の星々に語りかけ、重々しく厳かな言葉で星の動きに呼応する。悲壮感をただよわせ、大地に岸に語りかけ、響くこだまと対話する。うめきつつ、おどしつつ、海はとどろき、吐息をつく。そして、とりわけ人間へと訴えかけてくる。海こそは、その潜在力の内に創造を始め、今なお火の絶えぬ坩堝《るつぼ》なのであり、この場のあふれかえる雄弁をたずさえている。生命にむかって語りかけるのは、これまた生命以外のなにものでもない**」（同）

生命に向かって語りかけ得るのは、生命以外のものではありえないという認識は、単なる比喩なのだろうか。単なる想像力によって、ミシュレはこんな言い方をしているのだろうか。「**海**

はなにを語るのか。〈生を〉。（…）海は何を語るのか。〈不滅性を〉。（…）海は何を語るのか。〈連帯を〉」（同、三一〇―三一一頁）と畳み掛けるように繰り返してから、次のように結論づける。

「個人の内の、そのさまざまな要素間に存在するすみやかな交流なるものをうけ入れよう。人類という同じ一つの身体〔＝統一体〕の、生きている四肢〔＝成員〕を結びつける高次の法を受け入れよう。さらにその上には、われわれを協力させ、創造させる最高の法があり、〈大いなる魂〉があり、両者が（われわれの尺度に応じて）愛に満ちた世界の〈大調和〉に結びつき、それらすべてが神の生命の内で深く結びついているのである」（同、三一一頁）

ここにはミシュレの思想の最も深いものが提示されているのかもしれないが、難解と言えばまことに難解だ。一応次のように解釈しておく。

個人の内部において、体の中で、様々な要素が一体となって生命を維持しているように、人類なる種を全体として一つの体をなしているものと見なすならば、各成員を結びつけている高次の法があって、それが働いていることによって、はじめて一つの運命共同体として維持されてゆけるだろう。さらにその上部には、すべての生命体を運命共同体とする、つまり宇宙全体のあらゆる生命が究極的には一つのものだとする、大いなる最高の法としか呼べないような何かがあるに違いない。

　宇宙がそのようなものとして今ここに存在しうるのは、法を法たらしめる大いなる調和があるからだろう。それは愛としか呼べないような大いなる力とも言えよう。その力がこの宇宙を創り、いまあるような形で宇宙を維持し続けているに違いない。宇宙は美しい、この地球も、天体の星々も限りなく美しい、そうしたことを感じとる感性があって、はじめてミシュレはこうした世界観に達したのではないか。

「**愛とは、自己の存在や力を超えようとする生命の努力である**」(同、九五頁)とも書いているが、宇宙の生命がそのような形で働いて、努力して、今日の生命あふれる姿を生み出したと考えれば、右に引用した文の最後に出てくる「**神の生命の内で**」という言葉も、超越的神を意味するのではない、宇宙に内在する愛を、法を、大いなる調和をもたらす源を「神」と呼んでいると考えて良いのかもしれない。

　現にミシュレは、海を研究してきた多くの学者、スワンメルダム、ボネ、モーリーといった人々が、「**自然を内在的に説明しすぎて神に背くことになるのを恐れている**」(同、四八頁)とも言っている。もちろんキリスト教的な絶対神に背くことを恐れているということだ。ミシュレがそうした神とは異なる、宇宙の内在的力、愛、法といったものの絶対性を信じていたかどうかは定かではない。むしろそこまでは行っていなかったと考えるべきかもしれない。つまりモーリーたちは「いささか理不尽な憶病さ」を持っていたと言ってから、次のように語るからだ。

有機的な存在

「人はいたるところで生命に言及すればするほど、それだけいっそう大いなる魂を、すなわち、それによって存在者たちが創りだされ生みだされてくる諸存在の統一性といったものを、いっそうよく感じさせることになるものなのだから。海が、有機的な存在になろうと絶えず渇望することにおいて、果てしない〈欲望〉——かつてこの地球を生じさせ、それを常にみずからの体内に宿し続けている果てしない〈欲望〉——の最も活力に満ちた形だということがわかったからといって、どこに危険なことがあるだろうか」（同）

内在的力のみによってこの宇宙が生まれ、内発的力でのみ今日の姿へと発展してきたと、ミシュレは断定してはいないのだ。しかし宇宙を超越する神の意志によって、宇宙のすべてがあるのだとも言っていない。宇宙内にいるほかない人間に、そんな究極的問題が分かるはずないのだ、だからさしあたって、超越神など前提としないで、この宇宙の法や、愛や、調和を考えてゆこう。これが彼の姿勢だったのではないか。

さしあたっては、まず海から生まれたと考えられる生命について考えてゆこう。

「乳の海」と名付けられた章の書き出しは次のようになっている。「海の水は、いろいろなものが混入しない、はるか沖合の場所で採集されたごく純粋なものであっても、わずかに白味を帯び、少しねっとりとして」（同、八八頁）いて、何か「有機的な実質が存在している」（同）と言う。そして、こうした少しねっとりとした粘液上のものが、原始の生命を産み出した基盤となるだろうと考える。

「海の子供たちは、その大半がゼラチン状の胎児のようなものであり、彼らは粘液上の物質を摂取したり、それを産出して海水をみたしたり」（同、九二頁）している。神がかつて原始の海でこうした創造をなしたのだとしたら、今もなお同じ創造活動が行われているに違いない。「海の一滴をすくってみようではないか。われわれはそこに原初の創造が再開されているのを見ることだろう。神にとっては、今日はこんなやりかたで、明日はまた別のやり方で創造するなどと言うことはない」（同）とミシュレは確信する。

だから現に目の前にある「**水滴は、その変化の中で、私に宇宙全体のことを語ってくれるであろう**」（同）とも信じる。そしてその水滴から最初に生まれてくるのが、「**植物的動物なのか、それとも動物的植物なのか**」（同）と疑う。おそらく生命の始まりは化石として残っている原初の動物類や植物類などではなく、「**それよりもはるかに単純な生物が**（…）**やわらかな体であったために痕跡を残さなかった**」（同、九四頁）と考えるほうが正しいだろうと推測する。

つぎに「アトム〔微小生物〕」という章がくるが、そこでは海で生まれたのは、いずれにせよ目に見えないような微小生物だったに違いなく、「**これら微小生物は、ひとたび生まれ出れば、限りなく変化にとんだ世界を現出する**」（同、一〇二頁）と想像する。そしてもし「**彼らに意識があるとすれば、自分たちがお互いに申し分のない完璧な調和を作りだしていることが分かっているにちがいない**」（同、一〇三頁）と思い描く。つまり生命は、ある一定程度のレベルに達した時に、意識を持つようになるはずだと信じるのだ。

さらには個体としての明確な形を持つようになると、独立した運動を始めることになる。「**これらの微小生物において顕著で驚くべきことは、そのはげしい運動力である。**／**あるものは早い時期から、はっきりとした個性** individualité **を見せ始める。**（…）**すなわち、たった一人で気のむくままに行ったり来たりできるものになるのであり、自分たちの運動に身をゆだね、おの**

れにのみ依拠する自由な」（同、一〇四―一〇五頁）存在となるという。自由に動けるということは、そこで選択がなされているということ、つまり何らかの意識ないし心としか呼べないような存在があり、その働きがあるということを意味するはずだ。

ミシュレは海綿動物のような存在に、出産現象があることを認識する。

「海綿動物は年に二回、子を宿す。彼女は彼女なりに愛情があり、それも他の多くの生物よりゆたかでさえある。（…）／このように、感官やその他のあらゆる器官が欠如していても、あるいはまた、おぼつかない生命の臨界点でのこうした不思議な謎の内にあっても、出産の現象がそこに生命のあることを示し、目に見える世界を開始する（…）。ここにはまだ何も存在していないように見える。だが、この無の中には、はや母性が登場している（…）。愛は存在を始める以前に生まれている」（同、一〇八頁）

そう、この世界そのものが、愛があって、大いなる愛があって、はじめて存在するようになったのかもしれない。その「愛」を神と呼ぶこともできるかもしれないが、それがどうして宇宙に内在するものではなく宇宙を超えている、いわゆる絶対神でなければならないのだろう。これがミシュレの思うところだったと言えよう。

彼は続ける。

「この海は植物的生命を超えており、その出産は、一挙に動物的な生命にまでいたり着く。／だが、そうした動物たちは、奇妙な植物的豪奢により、異様にはなやかな植物風の見事な衣をまとって、おのが身をよそおう。（…）これらの草には動きがあり、灌木は感じやすく、花々は初々しい感受性に身をふるわせ、まもなくそこに意志が芽ばえようとしているることがおわかりになるだろう。／えもいえず優雅で魅惑に満ちたそのゆらめき！　幻想的な魔力を秘めてたゆとう、そうした光景のもと、動物と植物との二つの世界の境界では、精神が目覚め始めている」

（同、一〇九頁）

それは思考と呼べるようなものというより、夢ないし夢想としか言いようのないような、「明け方の夢のように、次第に定かになってくる」（同）精神活動だろうが。

海では、こうした原始的生命からより高度の生命へと進化が進んで行った。そうした高等動物にあっては、当然のことながら、さらに高度の精神活動が認められる。一～二の例を挙げておく。

「サメの男女は、近寄ることを余儀なくされながら、自然は彼らに保養しあうときの危険を課してきた。接吻も恐ろしく危ないものとなる。(…)彼らは、互いにとっていかに魅力的であろうとも、支障をきたさぬようにして、鋸状の歯を、致命傷を負わせかねない歯を寄せ合うのだ。雌は大胆にも、雄が投げてよこす恐るべき鉤《かぎ》に身をゆだねてひっかかり、なすがままにさせておく。そして実際のところ、彼女がむさぼり食われることはない。雄を夢中にさせて率いてゆくのは彼女のほうなのだ。もつれあった凶暴な怪物たちは、こうして何週間にもわたってあちこちに移動し、(…)少しも変わることなく猛烈な抱擁を続ける。/(…)このやさしい相手を愛する忠実な雄ザメは、分娩のときまで彼女に随行し、この結婚の一粒種である彼の推定相続人をかわいがり、ゆめゆめ食べたりしないと言われている。彼はその子についてまわり、見守っている。いよいよ危険がせまると、この立派な父親は子供をぱくりとやるが、これは彼をその広い口の中に保護するためであり、消化するためではいささかもないのだ」

(同、一八〇―一八一頁)

われわれの持っているサメのイメージとひどく違うような話なので、長々と引用してしまったが、もしこの話が真実だとしたら、サメにも深い愛情があることは間違いない。そして様々な危険を認知し、それを避けるための方策を思考する力もあるに違いない。

クジラたち

もう一種、ミシュレが注目するのはクジラである。その親子愛といったものを語る。

「母親は決して一頭の子しか持つことはないし、それで手一杯となる。母子は、泳ぐ作業、授乳、宿命的に欠かせぬ浮上、という三つの事柄に悩まされるのだ。教育は闘いそのものとなる。(…)／雄は彼女からあまり離れない。残忍な漁師がこの子供を利用して両親を襲うような場合(…)、漁師は二頭を追うために、子供に銛を打ちこむ。すると、実際、両親は子供を救い出してつれていこうと、驚くべき努力をかさねる。彼らは浮上し、子供を水面につれてきて呼吸させようと、砲撃に身をさらすのである。子供は死んでいるのに、彼らはなおもその子を守ろうとする」(同、一八九―一九〇頁)

こうした家族愛の姿は、人間に襲われた時に示されるだけではない。すさまじい嵐に遭ったときなど、彼らは「魚のようには水中の静かな場所にとどまっていられないため、そしてまた、彼らが互いに別れたがらず、強いものたちも弱いものと運命をともにし、家族そろっておぼれてしまう」（同、一九〇頁）ということが起きる。「一七二三年の十二月に、エルベ河口で八頭の雌クジラが岸に打ちあげられていたが、遺体のそばでは、その八頭の連れ合いたちが見つけられた」（同）という。雄たちはまだ生きていて海に留まっていることもできただろうにということだろう。

また一七八四年三月、ブルターニュの海岸で、嵐によってクジラの大家族が打ち上げられたことがあった。「ここでもまた、雄たちは雌の跡を追って命を絶った。多く〔の雌〕は妊娠しており、容赦を知らぬ波にたちむかうすべもなく、彼女らは（彼らともども）この波の一撃で、岸に打ちあげられ、打ちつけられたのである。／二頭は海岸で出産し、まるで人間の女性が発するような鋭い叫び声と、絶望のいたましい嘆き声とをあげていたが、それはあたかも自分たちの子供に涙しているかのようであった」（同）。

こういった描写を通してミシュレは何を伝えようとしているのか。人間だけが魂とか心といったものを持っているわけではあるまいということだろう。鯨は哺乳類だし、サメといった魚類や、鳥や虫たちと比べて、はるかに高い知能を持ち、人間に近い存在だと認定することは容易だ。

しかし知能、知性、理性の高さ云々で、それぞれの存在の価値を、どうやって異なるものと判断しうるのか。自らを他者よりも価値ありとするのは、人間の、勝手な、主観的思い込みでしかないのではないか。客観的な基準など、どこにあるのか。

海を「乗り越えた」コロンブスの罪

こうした思い込みは、人間同士、人類の内部においてさえ生じるだろう。大航海以来ヨーロッパ人は新たに発見した世界の人々を搾取してきた。「**航海者たちはいたるところに敵としてやってきて、未開の人々を傷つけた**」(同、二四八頁)。**「金《きん》を探す人々は**(…)**金のことしか頭になく、人々に危害を加えはじめた**」(同)と言って、コロンブスの話をしている。**「このジェノヴァ人には、欲深の使命と厳しい心性とが与えられていた。無情な闘い、恐ろしい**(…)**徒刑囚、人身売買、それらはお決まりの出来事で**(…)、**連中を奴隷にしてはどうかと考え**」(同)るまでになったのだという。

あれほど誉れ高い西洋人たちの世界発見が、「**果たして未開の人々の利益になったのだろう**

か」（同、二五一頁）とミシュレは問う。かの地の人々が生活していた世界は崩壊し、「**このやさしく弱々しい人々は、われわれの悪徳や疫病にさいなまれ、惨めに消え去って行った**」（同）。

これが近代以来世界中で起きたことである。そして「**人間が人間に対してこのような仕打ちをしてきたのであれば、動物たちに対しても、とうていそれ以上に慈悲深く善良であったはずはあるまい。最も柔和な数々の種にむけてさえ、人間たちは恐ろしい殺戮を**」（同、二五二頁）行なったというのだ。

万物の中で自らが神に選ばれた最も上位の存在だと思い込むことから、つまり宇宙は、地球は、人間のために神によって作られたものだなどと錯覚することから、おそらくすべては始まったのだ。これが理性と法にのっとったあり方なのだろうか。さらには人間内部においても、自分たちの人種や民族が神によって選ばれたエリート的存在だと思い込み、そして自分たちだけが神の威光を背景に、他の人々を差別、選別しても良いのだなどという傲慢不遜な錯覚を生じさせた。

そうした人間社会の有り方を根底からくつがえすキー概念として、ミシュレは「民衆」を主張したのだと思われる。我々すべては民衆として一つなのだ。そういう者としてこの世に生まれ生きているのだ。地の底から湧き上がり生まれてくるすべての命、それにあずかっているものは、すべて民衆だとしたら、民衆とは人間だけの存在ではない。命があり、心ないし魂があるすべてのもの、虫も鳥も魚も動物たちも、もしかしたら植物的生命たちも、民衆の一端に加わってくるだろう。

ヒエラルキー的構造から平等的水平構造へと世界の見方を変えるとき、キリスト教的絶対神のもとでの価値における位階システムを超えて、万物が共存する新しい世界が見えてくるのではないか。ミシュレにあっては、それがフランス革命の閃光のもと、はじめて垣間見られた理想であったともいえる。これこそが古代インドに代表される世界観であったとも彼は気付く。それが古代インドから、フランス革命へと一直線の繋がってくる世界だと知ったのだろう。

やっと『人類の聖書』の中に出てくる言葉の意味が見えてくるところにまで達したようである。だがその前に、自然を巡るエッセーの最後のもの『山』を見ておこう。

4　『山』（一八六八）

『山』は一八六八年二月に刊行された。それまでにミシュレ夫妻がヨーロッパ各地、とりわけ山間部でなした旅行の記録といった面をも持つ作品だ。自然をめぐる諸エッセーの掉尾《とうび》を飾るにふさわしく、巻頭に置かれた「序文」では次のように言っている。

「鳥は人間にも似た存在である。そのことはかなり受け入れやすい見方だ。だが虫となると！　困難さははるかにまさっているように思えた。海が生み出した子供たちにあっては、逃れゆく人格はさらにいっそう捉えがたく見える。その時まで侮蔑され否定されてきたあれらを、あれら定かでないぼんやりとした魂を、はっきりと見定め、本来の場所に回復させ、彼らに魂あるものの尊厳を取り戻させること、そして兄弟としての権利の中へ、また大いなる「都市」の中へ置き直そうという試み、それは大胆なものだった。／私たち

は今日この仕事を、『山』とその森の中で追求してゆこう」

（『山』大野訳、藤原書店、一九九七年、八—九頁）

山とその森、つまり木々に、そしてまたそれらを根元で支える大地そのものに、そこに生まれるコケや草やその他もろもろの植物の中に、魂と呼ぶほかないような何かがあることを伝えようとする作品にもなっている。

草原の情景

まずヨーロッパの草原のやさしい情景を取り上げる。「**互助の、友愛満ちたもてなしの、素晴らしい世界だ。苔、草、草木、藪の下に、同じ精神が循環している。気さくな社交性、寛大さ、優しさの精神である。草原から森へ、そして森から山へと、その精神を呼吸しながら、人は一点の曇りもない世界の方へと平和の中を上ってゆく**」（同、一一九頁）。ミシュレらが散策した山歩きの折の感慨だろう。どこかで読んだ「**熱帯地方の危険な植物相**」（同、一二〇頁）とも違う。「**私の草原は、むらのない芝生などでは少しもなく、イギリス庭園の短くかり込まれた芝生でもない**」（同、一二一頁）と言ってから、愛するフランスの草原をたたえる。

「広い野原に膝まで埋まって、一番手前の斜面の花咲く草の中にいよう。（…）金色のシナガワハギ、赤いクローバー、小さな紫色のゼラニウム、血の房をつけたイタチササゲ、そうしたものが（…）あなたの足許で抵抗しながら、心地よい香りを発する。（…）生垣では赤いツルニチニチソウが、草原をつつましく取り囲む花飾りを作る。春の水があふれ出し急流を作っている小径は、大きなワスレナグサが大好きな場所だ。それほど湿ってはいない木陰では、クワガタソウが咲いている。そのまっ青な眼差しは、無邪気さにもかかわらず、人を射すくませ、澄み渡ったその鋭さによって、魂に向かって語りかける一つの魂のように見える」（同）

こうした愛すべき祖国の植物相に、近年、**「他の地域のあらゆる植物相が、あっという間に、めちゃくちゃに激しく入り込んできた」**（同、一二二頁）という危機感をも感じている。とはいえこうした祖国の植物相は、**「魅力的で愛らしく、私たちの国民精神の正当な伴侶となっている」**（同）として、その地の植物相と、その地に生きる人々のものの感じ方、考え方、一言で言えば世界観とがどれほど深く関連しあうものかを示唆するのだ。そのことを歴史家として、また思想家として、ミシュレほど意識していた者はいなかったとも言えよう。

樹木への呼びかけ

それから樹の話に移る。一八四〇年ごろ、アルジェリアに行っていた「**フランス人たちが何本かの樹を切っていて、その声に心動かされ、ほとんどおびえてしまった。樹々は、人の手で傷つけられないものでさえ、うめき悲しむ。それは風だと思われた。だがしばしばそれは、信じられているほど一定ではない樹木内部の循環であり、樹液の動揺であり、植物の魂の夢なのである**」(同、一二四頁)。

樹は人間のような「**声でうめき、ため息をつき、泣く**」(同)ともいう。本当だろうか？　現代人ならまずそう疑う。だが「**古代人は樹々に魂のあることを決して疑わなかった――多分混濁した、おぼろげなものではあるが――しかしすべての生き物と同様の魂である。人間はこのことを、スコラ的形式主義がはびこる以前の一万年間信じてきた**」(同)とミシュレは語る。

キリスト教的一神教的信仰の、その精緻に築き上げられた神学体系が、この世を支配するようになる以前には、世界中のどこでも、あらゆる生命に魂があるといった多神教的信仰が信じられており、我々人間と万物との心の交流とでも言えるような現象が存在していた。

「スコラ的形式主義は『自然』を石化し、人間だけが感じたり考えたりするのであり、多くの生き物は物体でしかないと信じるが、こうした傲慢な考えは、中世から発する一つの近代的パラドックスである」(同)として、今日では科学も、**「最も進み方の遅いものでさえ、自らのうちで、ある意味で自らの生命を確保し増大させる労力と努力を、つまり〈選択〉(ダーウィンの語)を、言い換えれば、こうした目的に導いてゆく諸手段の、時に極めて巧みな行使を行うと科学は言うのだ。それぞれのものが、存在し、成長し、絶え間なく自己を創り上げていくための独自のわざを持っているのだ」**(同)とミシュレは思う。

ダーウィン的進化論の考えが、万物にあって、意識的選択がなされているとしているのかどうかは疑問だが、とはいえ人間のみが特別に選ばれた存在であり、感じたり考えたりできる唯一のものだといった見方とは、異なるものであることも確かだろう。すべての生命は繋がっている。その最も発達した最先端に人間がいるのだとしても、だからといって背後にいるものたちを、なべてなぜ軽蔑するのだ。人間のみを特権化し、他の生命体をすべて、自己のために利用するだけの物体として眺めるような姿勢からは、世界の砂漠化しか生じないのではないか。

「あらゆる思想はその果実によって判断される。あやまった考えは決して創造しない。

一つの世界を創り出す思想、それは疑いもなく真理となる。樹との友愛というこの心打つ考えは、無限に豊かなもので、古代世界を創り、富まし、それに恩恵を与えたものである。こうした考えのみが、驚くべき農耕の力をもたらしたのだ。(…)この力が、戦争やあらゆる種類の不幸を越えて、つねに古代世界の再生となっていたのである」

(同、一二二五―一二二六頁)

古代エジプトやシリアやペルシアでも、樹への信仰といったものがあった。だがギリシア人にあっては、それが次第に衰えていった。「ついでキリスト教徒とイスラム教徒が、自然に対する根深い軽蔑をもってやって来る。樹は死に、水は涸れる。地中海は、その乾燥した海岸部にあって、もはや草木のない砂漠しか示さない」(同、一二二八頁)。

二十一世紀の現在、砂漠化は全世界へと波及しつつあるとは筆者の感想だが、ミシュレはこうした断章を書いた後、自らの来し方を振り返って、ウェルギリウスにどれほど救われてきたかを述べ、それから森に向かって次のように呼びかける。

「大いなる森よ(…)。/私には分かっている、お前が生命の秘密を持っているということを。お前は万物に生命を与える。数知れぬお前の木の葉は、不屈の吸いこみでもって、漂っている水を固定し、それをわれらが田野に注ぎ、世界を養う。不吉と思われている黒い樹は、全く逆に、そのとがった梢の先端でもって。生きた雲、電気を帯びた雲、大地の喜びを引き寄せるのである。絶えず生命を回復させてくれる力強い樹液と、保護し癒してくれる黄金の樹脂に支えられて、お前は、人間が過ぎ去っていくのを見ている。お前は千年も生き続ける。(…)／お願いだ、不死の秘密を言ってくれ。秘儀伝授は丸ごと、お前たちの中に、山の森の中にあるのだ。昇っていくとき、各段階ごとに、人は下界における不幸の内の何かを捨てていく」(同、一二九―一三〇頁)

森への、そしてそこの樹へのこうした呼びかけや目配りのようなものは、その他のページでも多々出てくる。たとえば「**クリの木は花崗岩や砂岩の砂を慈しむ。根元でそれらの輻射を感じるからだ。クリの木は溶岩を恐れない**」(同、一三二頁)といった描写もある。そうした箇所から、やがて岩や砂でできた大地そのものへのまなざしも生じる。大地＝地球(ともにフランス語では terre)の力、魂といったものへの気付きだ。

温泉の体験

ピレネー地方を訪ねた折の感想として、次のように記している箇所がある。「**ピレネーにおけるほど大地の魂と人が近づきあっていると感じられる場所はない。大地の魂は、その地下生命がわれわれの所にまで登ってくるあれら深い泉の中に、はっきりと存在している**」（同、六六頁）。そこで述べられている泉の多くは温泉であり、パレージュといった湯治場やオレットといった町に、「**力強い『母』が自らの子供たちと心を通い合わせるあれら荘厳な場所**」（同、六六―六七頁）があるという。ここで「母」と言うのは母なる大地のことだろう。

こうした人間と大地とが心通わせるような場所で、大地がまるで心をもって人間に働きかけてくるような感じを強く覚えたのは、じつはピレネーではなく、イタリアの温泉地アクイであった。病に弱った体を回復させようとイタリアに出かけたおり、あの一八五三年の冬、ちょうど『万物の宴』の下書きをしていた頃の体験だ。

「**私はジェノヴァ近くのネルヴィで衰弱していた。幾重にも重なるアペニン山脈のすばらしい山なみが、私の回りを取りかこんでいた。イタリアの太陽が、軽やかな空気が、そして真昼どき私がのろのろと歩いて行った玄武岩でできた懸崖上の道が、保護してくれるものたちだっ**

た。この乾燥しきった不毛の海岸べりで、トカゲをともづれとして、私は休息ゆえに憔悴しつつあった」(同、七〇頁)。

そこから脱出しようとして、ミシュレ夫妻は一八五四年四月にジェノヴァからトリノに移っていたが(そこの古文書館でフランス十六世紀関係の資料を調べた)、六月、トリノから南東八十キロほどの山地にあるアクイにまで湯治に行く。入浴も温泉水の飲用も「付随的なものである。肝心なのは人が埋葬されねばならない大変熱い泥土の方である」(同、七三頁)という。

六月十九日初めて土に埋められる。「だが下半身だけであった」(同、七六頁)。「六月二十日、大地はもっと上の方、胃の所までわたしを埋め尽くした。私はほとんど完全に被われてしまった。二十一日、私は姿を消した。顔だけが呼吸できるよう土から出されていた」(同)。そして次のような感覚、感想を覚える。

「最初の十五分は平安である。思考はいまだ自由で、自らを観察している。私は自分自身を、私の病気を、その原因を再考している。私は自分だけを責めていた。うまく制御できなかった私の意志、人類の生を自分一人で再体験しようとした過剰な努力といったものを。あんなにも長いこと私が語りあっていた死者たちが、私を呼び寄せていた。(…)彼岸の方で（…）だが『自然』が、いまだ私をつかんでいて、此岸《しがん》の側で私を必要としている。／次の十五分間、自然の力が増大してきた。私はその中に深く没入し、思考は消え去っていくのだった。唯一残っていた思いはハハナルダイチというものであった。私はそれを大変良い者、優しく愛撫し、思いやり深く、傷ついた子を暖めてくれるものと感じていた。外側からか？　内部においてもである。というのも自然は活力を与えるその息吹きによって私の中にしみ込み、私の中に入り、まじりあい、その魂を私にそっと吹き込むからだ。私たちのあいだで一体化は完璧となった。私はもはや自然と自分とを識別していなかった」

（同、七七頁）

ミシュレはここで、それまで感じたことのなかったような体験をしたのだ。自分がハハナルダイチに抱かれ、大地という大いなる自然と一体化し、もはや「自然と自分とを識別していない」といった感覚を覚えた。これはミシュレのみではない、西洋人一般にとって、極めて珍しい体験となるのではないか。

「私は大地だった。そして大地が人間だった。大地は私の病弱を、私の罪を自分の方にひきとってくれていた。そして私は大地となって、その生命と熱と若さとを取ってきたのである」（同）。

多くの年月の仕事、それの苦しみ、「**すべてが大理石の棺の底に残っていた。私は新たにされた**」（同、七八頁）。この泥浴の体験から、ミシュレはある種の有機的要素と触れ合い、「**目に見えない魂と通じたこと、生命と接触したという**」（同）感触を得て、自らが蘇ったと思ったのだ。自分は自然を忘れて仕事一筋にやって来たが、「**自然は私をそんなにも恨んでいなかった。無限の優しさでもって、両腕を大きく開いて**（…）**私を待っていてくれていた。そして生命と力でもって、私を成長させてくれていた**」（同）。

ここに記されているアクイでの体験は、さらに直接的にミシュレが書き残した「日記」にも登場する。彼の想い、感慨といったものをさらに深く表しているとも思える。ここで「日記」の何か所かを紹介しておこう。

一八五四年六月二十日の記述。「**泥は**〔体の〕**右側を肝臓のところにまで上がってきた。完璧な充足感。自然の一種母のような抱擁が、傷ついた子を、仕事と時間でいためつけられた子を、包み込み温めてくれる**」（『民衆と情熱Ⅱ』九一二頁）。

そしてミシュレは大地の驚くべき力に思いを馳せる。大地そのものの生命が、人間の傷つけられた生命に与えてくる力。「**大地の母のような生命が、自らの子供たちといっそう通じ合い、彼らの疲弊した力を向上させ、弱り果てた状態を再度回復させ、彼らに行動力と希望とを取り**

戻させ、彼らの本性が許す限り自らの不死性に参与させる径路、それがこうした場所なのだ」（同、九一三―九一四頁）。

翌二十一日の日記。「埋葬の甘美さ。母なる大地。（…）／きのう、何も熟考することはなかった。私と自然のあいだで同一化はあまりに完璧だった。何事においても自然と自己とを区別できなかった。／聖書にある以上の奇蹟があったのだ。大地自身が体の萎《な》えた者に語る。『立ち上がって歩け』*と。すると彼らは歩く。突如、母のような手に支えられて」（同、九一五頁）。

＊『マタイによる福音書』第九章第五節にイエスが言った言葉として出てくる。

ここで歩けと励ますのは、神（ないしその代弁者）ではなく、大地そのものとされていることに注目しよう。人間に語りかけるのは、大地ないしそれによって象徴される自然だ。人間と共に、人間と同じように自然が語りうるのだ。魂を、心を持った存在として。これがこの泥浴体験の最も肝要なところだろう。

こうしてこのアクイでの体験は、またとない体験となった。大地が生きていること、生きた実在であることを確認する体験となった。そこから次のような表現も生じる。「この美しい動物、地球」（『山』、八四頁）である。

あるいは地質学において行われている動きと変化の研究が、「象や鯨を研究するように、その研究はなされる」(同) かもしれないが、地球の方はあまりに大きいので、「この動物は何百という世紀単位でしか変化しない」(同) とされたりもするが、いずれにせよ、「地球＝動物」という認識をミシュレは獲得したのだ。

母なる自然

温泉地アクイでのこうした叙述のなかで、最も印象的と思われる一節を最後に紹介する。ある夜の情景である。

「夜は夢幻的なものであった。硫黄と愛のこの空気がホタルたちを酔わせていた。北方のホタルよりも敏捷で軽やかな彼らは、情熱的に踊りながら小さな林の暗い闇の下できらめいていた。林はそれらダイヤモンドのたわむれの後ろで、さらに黒々と見えた。ホタルたちはその炎の中で千変万化する。出会っては輝きを増し、欲望や憔悴によって時に色青ざめ、弱ってゆく」(同、七四—七五頁)。

あれらの光のたわむれは、あれら小さな生命たちの、一瞬の愛の饗宴なのだろうか。生と死のほんの一時の戯れなのだろうか。死をも覚悟したような衰弱状態から、生へと立ち直って行ったこの時期のミシュレにとって、それは心に残る一情景となる。

『山』にはその他、スイスの各地で過ごした時の思い出や、モン・ブランその他のアルプスの山々を巡る考察や、森林伐採による山地荒廃への危惧やら、様々なテーマが語られている。そうした山地の破壊状況に触れながら、次のように言っているところもある。

「平原がこの世紀〔＝十九世紀〕の主人であり、山への闘いを成しているのだ。／カフカスの山では最近まで、白色人種の中で最も美しく誇り高い人々が異彩を放っていた。／クレタ島の山は、ギリシア（他のいたるところで混血していた）がいまだ純粋なまま留まっていた、唯一の地方である。（…）／そうした者すべてが破壊され、解体されたか、あるいはたちまちのうちに、そうされてしまうだろう。／北アメリカの気高いインディアンたちは、どこにいるのか？　ウェールズ人（…）はどこにいるのか？　スコットランド高地人たちはどこにいるのか？　イングランドに身ぐるみはがされ、イングランドのためにワーテルローで命を落とした彼らは？」

（同、二一二頁）

山地に居た少数民族への目配りも忘れず、彼らの運命を憂えている箇所であろう。自然への思いを高めながら、そこの生きる人々のことも忘れないのが、ミシュレの姿勢なのだ。

「この『山』という書物の中で、われわれが「自然」の中から汲み取ってくる雄々しい力が、一章ごとに湧き上がるようにしてきたつもりである。（…）私の書物の向こうにここから始まるもう一つの書物、「人類の再生」が見える。／（…）「歴史」と「自然」のあいだを、幸いにも代わる代わる行き来したことで、私は自分の高さを保つことができた。もしも人間のみを追いかけ、人間の野蛮な歴史を追い続けていたなら、私は悲しみによって弱り果ててしまっただろう。もしも全面的に自然を追いかけていたなら、私は（今日一人ならずのものがそうなっているように）権利について無頓着な状態におちいってしまっただろう。私は、しばしば二つの世界を交換しあった。人間について研究していて息切れしそうになったとき、わたしはハハナルダイチに触れ、再び飛び立ったのだ」（同、二二四頁）

そうなのだ。異端や異教徒あるいは魔女たちや、さらには大革命時の恐怖政治のような、歴史における悲惨事のみを見ていたら、われわれは「悲しみによって弱り果てて」しまうだろう。人間とは何と愚かかと思うほかなくなるだろう。そうした絶望的状態を乗り越えるものとして、ミシュレは自然を、まずは人間のうちなる自然としての民衆を発見し、同時に大いなる母なる自然を見出していったに違いない。

人間解放の一大事件であったフランス革命が、道を踏み間違えず正義と法の王道を歩み続けるためにも、それが古代インドから一直線に続くものだと断定した『人類の聖書』に、最後にもう一度触れておこう。

おわりに――『人類の聖書』（一八六四）によせて

一八六四年に発表された『人類の聖書』は、ユダヤ・キリスト教的伝統以外の世界の宗教、とりわけ古代世界での諸信仰の有り様をも眺め、人類が何を信じて生きてきたかを探ろうとした作品と要約できよう。『山』よりも四年も前に出されたものだが、人間と自然、宇宙とのかかわりの歴史といったものをも眺め、その意味するところをも考察している。

「序文」に次のような重要な言葉が出てくる。

「精神活動が宗教を包含するのであって、それが宗教の中に包含されるのではない。宗教は〈原因〉ともなるが、それ以上にはるかに〈結果〉である。（…）／信仰が心を作る

ときには、すでに心自体の方で信仰を作っていたということなのだ」
（ミシュレ『人類の聖書』大野訳、藤原書店、二〇〇一年、一三頁）

それゆえ古代宗教の様相ないし実態を探求するとは、古代人の心の有り様を探ろうということに他ならない。そしてミシュレが発見したのは、洋の東西を越え、何千年という歳月を越え、「**地上の魂が、同じ一つの心によって生きてきたことを知る喜び**」（同、一二頁）であり、巨大な古代エジプトや古代インドを知れば知るほど、「**精神的な大きな物事にあっては、現代とごくわずかしか違っていない。とくに家庭と心のこもった情愛に関し、また仕事と権利と正義の基本的観念に関し、太古の世界はまさに我々である**」（同）ということだった。

つまり古代世界の諸信仰を知るとは、古代の人々の心を知るということに他ならないし、しかも彼らの心は、今日の我々のものと全く変わらないという確信なのだ。ミシュレは探るべき古代をまずインドから始める。

「**暁は『ヴェーダ』＊の中にある。『ラーマーヤナ』＊＊（…）には、甘美な夕暮れがある。そこでは、あらゆる幼年時代が、「自然」の母性が、聖霊が、木々が、獣たちが、一緒になっ**

てたわむれ、心を魅了する」（同、一五頁）

＊ヴェーダ　古代インドのバラモン教の根本聖典で、『リグ・ヴェーダ』等四つある。原義は「知」ということ。

＊＊ラーマーヤナ　古代インドの大叙事詩。現在のような形は、紀元二世紀末にヴァルミーキによって編纂されたと言われる。

すでに「序文」においてこう書いているところからも、彼にとって古代インドが最も注目すべき、重要な位置を占めているのだと推察できる。

古代のインド、ペルシア、ギリシア、エジプト、シリアその他、ユダヤ、ローマ、そしてキリスト教世界確立後の世界、中世へと目配りしつつ、そうした世界（西洋圏にほぼ限られてはいるが）の歩みの果てに出現した近代が、最も古いインドへと結びつく（ないし結びつかせねばならない）と発見するまでの歩みが、この『人類の聖書』の概要と言える。

それゆえここでは、古代インドの信仰を、すなわち古代インド人の心を探ったと言える第一章を紹介し、それがミシュレの世界観や歴史観にどう関わっていたかを考え、それをもって本書全体の結論に代えたいと思う。

近代にあってインドとの接触を最も深めたのはイギリスであり、イギリス人たちは古代インドで作られた聖なる書物の年代を、ユダヤの『聖書』よりもっと若い年代のものにしようと努力したが、しかし、「**次のことを認めないわけにはいかない。原始インドが、その最初の草創期にあって、世界の母胎だったということ、インドはギリシア、ローマ、そして近代ヨーロッパにとって人種、思想、言語の主要かつ支配的な源泉だったということ――さらにはセム族***[*]**の動き、つまりユダヤ=アラブの影響は、いかに考慮すべきものではあっても、やはり二義的なものであったということを**」（同、三〇頁）。

＊セム族　セム語を話す諸民族の総称。『旧約聖書』に出てくるノアの子セムを祖とする。バビロニア人、カナーン人、フェニキア人、ヘブライ人、アッシリア人、アラブ人たちである。つまりユダヤとアラブはともにセム族である。

そう、何よりもインドがヨーロッパの源だったというのだ。しかし調べれば調べるほど、インドと今日のヨーロッパとの違いを意識せざるを得なくなるだろう。ヨーロッパ人は「**インドの魂をも、その深いハーモニーをも捉えなければならない**」（同、三五頁）。

そして「あの忍耐強い魂の大いなるやさしさと、自然のやさしさのあいだに、かくも見事なハーモニーが出来上がっている」（同）ことに気付かなければならない。

「『人』と『自然』はほとんど互いに見分けがたくなっている。それは信じられているような、単に魂に平安をもたらすものではない。それはとりわけあの種族が、もろもろの存在の奥底に生命を見、肉体を通して魂を見るという特別の能力をもっていることによるものだ。草は一本の草ではなく、木は一本の木ではない。精神の聖なる循環が至る所にあるということなのだ。／動物は動物ではない、それは一つの魂であり、人間だったし、あるいは人間となるだろう」（同）

我々日本人には比較的親しみやすい輪廻転生の思想だろう。しかしこれは西洋人ミシュレにとって、どれほど驚異的に思えた思想だったろうか。

彼は、ある西洋人旅行者が伝えている象の話を、本文への注として紹介している。

「〔その旅行者は、〕インドで、戦いに傷つけられた一頭の象が、毎日病院に傷口の手当てをしてもらいに通っているのを見たという。この手当てがどんなものだったかお分かりだろか。焼きごてをあてることだったのだ……すべてが腐敗してゆくあの危険な風土にあって、傷口を焼灼《しょうしゃく》することが、たびたび必要となる。象はこの手当てに耐えていた。毎日、それをしに通っていた。象は自分にこんなにも灼《や》けつくような痛みを与える外科医を憎むことがなかった。象はうめいたが、それ以上のことは何一つしなかった。象は明らかに理解していた。人が自分のために良いことをしようとしており、(…) この必要な虐待は自分の治療を目差したものであるということを」

(同。二七頁)


自分一人(一頭?)で自主的に通ってきていたというこの象に、物事を理解したり判断したりする能力がないなどと誰に言えるか。この象に心というか魂というか、そう呼ぶしかないものが存在しないなどと考えられるだろうか、ミシュレはそう感じたに違いない。そしてこうした知恵、と言っても人間とは比べようもないくらい劣っているかもしれないが、いずれにせよ知恵としか見なせないものをもつ動物が、かつて人間だった存在の生まれ変わりだと信じられたとしても、それほど不自然ではないだろうと。

こうしたインドの世界観を最も典型的に示すものとして、彼は『ラーマーヤナ』を取り上げ、次の一節を紹介する。この作品は、カーストの中でシュードラ*のことを語らないが、それは、彼らよりもっと下の方にいる「奴隷」を取り上げて語るためである。すると「**あらゆるものの中で最低のこのあわれな人間が〈気高く〉され（…）神の慈悲から除外されるものは誰一人いなくなるだろう。すべてのものは救われるのである。それは例外なく広げられた救いである**」(同、五九頁)。

＊シュードラ　インドカーストの四大身分で、バラモン、クシャトリヤ、バイシャの下に位置する最下位の細民。

こうした物語の背景に「**すばらしい絨毯のように、自然全体が、山が、森が、川が、すべての風景が、インドのあらゆる四季が、人間の良き友すべてが、動物が、植物が織り上げられている**」(同、六二頁)。天地万物が混然と一体化しているような世界、それがインドだ。そうした古代インドを経巡ったあと、ミシュレは次のように言う。

「**人は単独で救いを得ることはない。／人間はすべてのものの救済によってのみ、自らの救済に値するものとなる。／動物もまた神の前にその権利を有している**」

こう書いたあと、突然一八四六年『民衆』の中で書いた次の言葉が蘇るのだ。

「動物、ほの暗い神秘よ！……夢想と、黙した苦悩との広大な世界よ！……だがあまりにも明らかなしるしが、言葉を欠いたそれらの苦悩を表明しているではないか。自らの下位の兄弟の価値を認めず、その品位を貶め、それを苦しめている人間の野蛮に対して自然全体が抗議している」

（同、六二―六四頁）

インドの知恵は、かねてからミシュレのもっていたこうした愁いを、癒すものとなったに違いない。「われらが西洋にあっては、最高にかわききった不毛なものが自然を前に傲慢不遜になっているとき、あらゆるものの中で最も豊かで多産なインドの天分は、小さなものも偉大なものも認め合う、普遍的友愛を高潔な心で抱きしめた。そして魂の共同体にまで高めた！」

これに対しあなた方は言うだろう、とミシュレは語る。「迷信だ！……動物に対するこうした度外れの善意は、魂の転生というドグマから生じているのだ」と。だがその反対こそ真実なのだと彼は反論する。

「あの種族は、繊細で洞察力豊かだから、魂をその下位の形態においてさえ、弱い素朴なものたちの中でさえ、感じとり愛したのである。そこから、いやそれゆえにこそ、転生というそのドグマを作ったのである。信仰が心情を作ったのではなく、心情が信仰を作ったのだ」（同、六五頁）

「絶対理念」から「普遍的愛」へ

こうして古代インドから始めて、各地の様々な古い信仰形態を探った後、ミシュレは『人類の聖書』の「結論」で次のように述べる。**「近代的思考を、遠い古代とのその幸せな一致」**（同、四〇二頁）において捉え、中世がそれら二者を遠ざけた根本原因であると考えよう、と。

つまり中世的スコラスティック的世界観に、社会構造の支配被支配の、ヒエラルキー的上下関係を人間世界に生み出した根源があると考え、そうした世界観の打倒こそが、フランス革命に代表される近代の目指すものだと考え、それは古代の、とくに古代インドの世界観と深く通底するものだと感じたのだ。これが本書「はじめに」で引用した文、**「インドから八九年にまで光の奔流が流れ下ってくる。『法』と『理性』の大河である。はるかなる古代は君なのだ。君の種族は八九年となる。そして中世はよそ者となる」**（同、四〇五頁）の主旨であろう。

言い換えればフランス革命の理想、「自由、平等、友愛」は、古代インドが感じ取っていた万物が最も深い次元で通じ合うもの、究極的には同じ運命の許に有るという感性の、その近代的な表現となるものに他ならないと。それゆえ古代と、革命以降の近代に生きる「君」とが、根源において繋がりあうのだとした（かった）のだろう。

すなわち盟友キネが見るように、フランス革命をイエス・キリストの愛の教えを、この現実の人間社会で実現しようとする、キリスト教世界内部での大変革として捉えるのみではなく、人間のありかたを、他の様々の生物体との関連で、さらには地球や宇宙との関係でも反省し、我々の生き方自体をも変えてゆくような、つまり人間と自然との関わりそのものへの反省を迫るような世界観的革命だったと捉えたのだ。

簡単に言えば、「万物の一員としての人間」として、人間もまた生物種の、動物の一種として生きること、それは大いなる「自然の摂理」を信じ、万物に内なる生命の躍動があり、動物たちにも人間ほどは定かなものではないものの、やはり魂としか呼べないものがあると気付いて、われら人間の態度や生き方を、これまでの傲慢不遜なものから改めるとき、そして人間のなかにあっても、思想や信条が異なる者を敵として憎み排除するといった中世的見方を脱し、人間愛に従って生きること、つまりかつての魔女や、ジャンヌや、ルネサンス期の天才たちや、ミシュレの思う民衆たちが生きようとした姿勢にならって、「人類の再生」を目差そうとしたのがミシュレだったということだろう。

さらに言えば、絶対的な価値ありと思う理念を抱いて、それを絶対的正義として、そうした同じ信条を分かち持たない者を敵として抹消してよしとする、そういった恐怖政治的姿勢、頭でっかちの有り方に反対し、そうした「絶対理念」の呪縛を脱し、自己と他者とを対立させるのではなく、万人にあてはまる法（＝定め）のもとに同じくあるものと考え、それこそ輪廻転生といった世界観にまで至らなくとも、生ある万物すべてに我々人間と同じような心があり、我々の兄弟なのだと感じて生きようとする、そうした「普遍的愛」に満ちた世界、つまり「絶対理念」から「普遍的愛」へと目覚めて生きる世界を、再建しようとミシュレは願ったと思われる。

二十一世紀の今日、巨大な破壊力を（核兵器のみではない、環境を破壊する力も）手に入れてしまった人類は、自らの我《が》のために、その強大な力をもって世界全体を破壊してしまいうるかもしれない。地球に果たして未来はあるか？　そんな思いにも脅かされるいま、ささやかな生き物たち、物言わぬと人間が思い込んでいる彼らが、私たちと同じように愛し、苦しみ、喜び、悲しむ魂を持っていると気付いたなら、それは人間だけがこの世の主人ではなく、大いなる宇宙のほんの片隅にいる、ほんの一部の存在でしかないと思い知ることになろう。我ら人間もまた大いなる普遍的愛に抱かれて、万物とともに生きるほかない存在なのだと。

ミシュレは後世の我々にも、そういう事実を伝えようとしているのではないか。

あとがき

今年二〇二四年は、一八七四年に亡くなったジュール・ミシュレの没後一五〇周年に当たる。これを機にミシュレに関し、何か書いてみないかと藤原書店の藤原良雄社長に勧められたのは、たしか昨年暮れのことであった。

本格的な学術研究書など準備不足でとうてい書けないゆえ、これまで訳出してきたミシュレの作品を中心に読み返してみて、いまの私から見て一番興味を引くテーマをまとめてみようと思いついた。その結果として書き上げたのが本書である。それゆえ本書は、あの膨大なミシュレの作品全体の、ごくわずかな部分しか取り上げていない。すなわち古代インドから近代フランス革命までを貫く一本の流れとは何かという、彼の問題意識を探求するという一点だ。それは万人が価値において平等という近代的原理が、生きとし生けるもの万物が価値において平等だという古代の原理に裏打ちされていると、ミシュレは確信したに違いないということを示す作業となった。

この作業は、まず彼の歴史書に出てくる人間の愚行、とりわけキリスト教正統派による異教徒や異端派への弾圧や迫害の苛烈さ、これはまた革命派内部での分派への糾弾や虐待でも同様に起きているが、そうした愚かな現象への注目から出発した。ミシュレはそうした愚行が起きる前提には、起こす側に自分たちには絶対的な正義があるとの思い込みがあり、そうした正義等の理念が、「絶対理念」として唯一無二の力を持ってしまうのが問題だと考え、さらに、そうした理念を表す「言葉」にこそ、すべてに勝る価値があると思い込んだ人々、ユダヤ、キリスト、イスラムという超越的絶対神を信じる〈言葉の民〉は、〈母なる大地〉を忘れたのだと批判する。

つまりハハナルダイチ、大いなる自然にこそ、思想信条による虐殺等を越えて、人間が人間として生き続けるための源が見いだせるはずだという確信をミシュレは持ったに違いないということだ。そこで次に、そういう人間の内なる自然への自覚から、歴史の中で、そうした自然の力を自らの内なるものとして生きた者たち、魔女やジャンヌ・ダルクやルネサンス期の天才たちに注目、彼らが生命体としての人間の原点、「民衆」へと連なる存在だと示すことへと目を向けた。

そして多くの生き物たちに、心とか魂としか呼べないようなものがあるとミシュレは気付いたらしいことを、最後に紹介した。ところで、このようなミシュレ像は、日本人としての私自身の感性や直観に頼って（非学術的に）探求していって、初めてもたらされたような気もする。一言でいえば、生きている万物に共通する非物質的（精神的と言うべきか、それとも「普遍的愛」と呼ぶべきか?）原理が、つまり魂とか心としか呼べないようなもの（他者と繋がり他者を愛する原理）が、この世にはあるのだという直観である。そうした私の確信を支えてくれた、日本のひとたちをここで紹介しておく。

まずは鈴木孝夫（一九二九—二〇二一）。その『鈴木孝夫の曼荼羅的世界——言語生態学への歴程』（冨山房インターナショナル、二〇一五）には「動物のコトバ」というエッセイが載っているが、そこではミツバチのコトバについての研究が紹介されている。「コトバ」と表記されているのは、人間の言葉（主として音声と文字記号による）とは異なっていても、互いに情報を伝え合い意志の疎通をはかるという所作を持つ点において、やはり一種の言語（記号としての）ではないかと考えられるからだ。鳥（とりわけスズメだったと思う）は鈴木自身が研究したものだが、ここではフリッシュら二十世紀欧米研究者によって解読されたという、ミツバチの例を見ておこう。

「餌を求めて巣箱を飛び出したミツバチは、蜜量の多い有望な花の群落を見つけると、まず自分でこれを集め、ついで巣にもどり、仲間にこの蜜源を教えることが知られていた」（同、三三頁）。それは8の字のような形をしたダンスを踊ることによってだ。「ダンスでミツバチの表現し得る内容は、蜜源への距離と方向、必要な仲間の数および花の種類」（同、三五頁）だという。ダンスの形の大きさ、速さ、向きの変化等でそれらを伝えているのだという。

この所作は一種の言葉にほかなるまい。われわれ人間がまだ気付いていない他の多くの生き物たちにも、人間とは異なる形でのこうしたコトバ（のようなもの）で、意思疎通を図っている例が、いくらでもあるのではないか。それはつまり、心とか魂（あるいは愛）としか呼べないような生命活動が、彼らの中にもあるということに他なるまい。こうした事実に、今から一五〇年以上も前に西洋人ミシュレが気付いていた（らしい）という事実に、私は驚嘆する。

もう一人の日本人を挙げておこう。中島みゆきだ。彼女は『命の別名』で歌っている。「石よ、樹よ、水よ」と呼びかけつつ、「命に付く名前を『心』と呼ぶ」のだと。命ある万物に心があることを、この歌は教えてくれる。これぞ日本人の感性が最も見事に表現されている一例だろう。

ところでこうした日本的世界観は、絶対神を信ずる立場から見ると一種のニヒリズムとみなされてしまうかもしれない。宇宙を（たぶんその外側にあって）作り、この世界の根源的あり方を規定している絶対的存在こそ価値の源泉なのだから、それを認めない立場、ニーチェのように「神は死んだ」とみなす立場は、すべからくニヒリズムとなるだろう。

ミシュレは日記の中で幾度か「キリスト教の死」に言及している（『民衆と情熱』五八一頁、一三〇九頁等）。つまり彼がフランスに初めて本格的に紹介したイタリアの思想家ヴィーコにしても、神の摂理のもとでの歴史を考えていたと言えようし、親友キネが紹介しミシュレも熱心に読んだに違いないドイツの思想家ヘルダーにしても、生命史全体の中で人類史を位置づけようとしたものの、やはりキリスト教的世界観の中での作業となっていたはずだ。ところがミシュレにはそうした先人たちを越えて、むしろニーチェに近いところがあったのではないだろうかということなのだ。もちろん人間の自我を巨大化して超人として生きる道を探った思想家とは、真逆の方向で思索していたひとであり、神への反抗という一点でのみ近かったのだろう。万物への、大いなる自然への、母なる大地への愛と共感に基づいての絶対神への反抗、それこそがミシュレの根本姿勢であり、そこに日本文化との近似性を感じることはできないだろうか。

ところで日本的あり方が、否定的ニュアンスを持つニヒリズムとして断罪されて良いものなのだろうか。我々日本人は、何一つ信じるものを持たず、根無し草となって、漂うがごとく暮らしているというのか。それは絶対神を信じる者たちの誤解ないし無理解でしかないだろう。多くの生きとし生けるものたちと、我々は平和に穏やかに日々を過ごしている。山川草木ありとあらゆるものと、花鳥風月と、日常的に心を通わせ生きる喜びをもって過ごしている。人間社会の内部でも、秩序をもって、お互いを尊重しながら、比較的平和に生きてきたとは言えまいか。もちろん例外的事例はママあるに違いないが。こうした日本的ありかたが、はたしてニヒリズムに染め上げられた世界だなどと言えるのか。何一つ信じるものもなく、虚無の色に覆われているだけなのか。それは母なる大地を見失った連中の手前勝手な見方にすぎまい。

はるか昔、はるか遠いヨーロッパ、フランスの地に、一人の歴史家が居て、もちろん日本のことをほとんど知らなかったのだが、われわれ日本人に通底するような感性をもって、この世界に対峙していたという事実、それを知るとき私は勇気づけられる。そして彼が抱いていた民衆への信、すべての人が平等で自由に生きる世界を目指そうというその理想に励まされる。さらには、はやくも彼が抱いていたと思われる、地球への少なからぬ危機感に耳傾けるとき、今現在もミシュレから学ぶべきことは多々あるだろう。西欧的文明の行き詰まりが顕著に感じられる二十一世紀の今日、ミシュレが垣間見たであろう、全人類的ないし全生物的なその危機感を共有しつつ、多くの心ある生命体と共に、名もなき命らと共に、この地球が、いつまでも生き続けられるよう私は祈っている。

最後になったが、本書のレイアウト等様々な面でお世話になった編集部の山﨑優子さんに心より御礼申し上げる。

大野一道

二〇二四年九月二十日

ミシュレ略年譜（一七九八―一八七四）

年	年齢	ミシュレ関連事項	フランスおよび世界の出来事
1798		8月21日、ジュール・ミシュレ、パリで生まれる。	5月、ナポレオン、エジプト遠征へ。
1808	10	年末、父フュルシー、借金のため収監される。	間宮林蔵が樺太を探検。
1810	12	10月、メロ先生の学習塾に通い始め、ポール・ポワンソと親友になる。	
1812	14	10月、コレージュ・シャルルマーニュ第3学年に入学、アンドリュー・ダルバ先生に教わる。父、印刷業を廃業。	6月、ナポレオン、ロシアに侵攻。
1813	15	10月、第3学年に留年。エクトル・ポレと親友になる。	10月、ナポレオン、ライプツィヒの戦いで敗北。
1814	16	3月、父、パリ、ビュフォン街のデュシュマン博士の療養院に勤め始める。	4月、ナポレオン、皇帝退任。エルバ島に流される。5月、ルイ18世即位。
1815	17	2月8日、母コンスタンス死去。その後、父子はデュシュマン博士の療養院に移住。計理担当フルシー夫人と知り合う。10月、コレージュ・シャルルマーニュの最終学年（修辞学級）に進む。	3—6月、ナポレオン百日天下。7月、セント＝ヘレナ島へ流される。

1816	18	6月23日、ミシュレ、サン=メダール教会でフルシー夫人を代母、ポワンソを代父として洗礼を受ける。	イギリスで金本位制が実施される。
1817	19	5月8日、文学でバカロレア（大学入学資格）を取得。このころからポーリーヌ・ルソー（当時25歳）が、診療所入居者の付添いとしてやってきて、診療所で暮らすようになる。 10月、ブリアン塾で、復習教師として働き始める。	3月、ニューヨーク証券取引所が発足。
1818	20	6月17日、診療所が閉鎖されたため、ミシュレ父子、フルシー夫人、ポワンソ、ポーリーヌ・ルソー、その他何人かの診療所入居者が、ロケット街の家にいっしょに住み始める。 7月8日、文学士号取得。この夏、ポーリーヌ・ルソーと愛人関係になる。	2月、チリがスペインから独立。
1819	21	7月28日、ソルボンヌで博士号取得。	シンガポールがイギリス東インド会社の交易拠点として開港。
1820	22	5月4日、ポワンソ、病院のインターン生選抜試験に受かり、パリ郊外のビセートルへと赴くため、ロケット街の家を去る。	1月、南極大陸がロシアの遠征隊によって発見される。 7月、ナポリ革命。

年	年齢	ミシュレ関連事項	フランスおよび世界の出来事
1821	23	2月14日、ポワンソ、結核により死去。 9月21日、ミシュレ、文学のアグレガシオン（大学教授資格）試験に第3位で合格。第1位はポレ。 10月、コレージュ・シャルルマーニュの代用教員に採用される。	5月、ナポレオン、セント＝ヘレナ島で死去。
1822	24	10月、コレージュ・サント＝バルブの正教授（歴史担当）となる。	ブラジルがポルトガルから独立。 シャンポリオンが古代エジプト文字を一部解読。
1823	25	12月、フルシー夫人死去。	米大統領がモンロー主義提唱。
1824	26	4月、ポレによりヴィクトル・クーザンを紹介される。 5月20日、ポーリーヌと結婚。 8月28日、長女アデール誕生。	9月16日、ルイ18世死去。シャルル10世即位。
1825	27	4月7日、『近代史年表』刊行。 5月、クーザンのところで、ドイツから戻ったばかりのエドガール・キネと知り合う。	ボリビアがスペインから独立。 12月、ロシアでデカブリストの乱。
1826	28	5月、『近代史対照年表』刊行。	

1827	29	1月、エコール・ノルマル（当時はエコール・プレパラトワール）の哲学・歴史担当助教授に任命（授業は2月3日から）。 3月8日、**ヴィーコの『歴史哲学の原理』**（『新しい学』のミシュレによる自由訳）刊行。 11月15日、**『近代史概要』第1部**刊行。	10月、ナヴァリノの海戦（ギリシア独立戦争の一環で、英仏露 対 トルコ・エジプト）。
1828	30	5月、**『近代史概要』第2部**刊行。 9月、シャルル10世の孫娘、ルイーズ＝マリー＝テレーズ（9歳）の歴史担当家庭教師となる。	
1829	31	9月、エコール・ノルマルの哲学担当をはずされ、歴史担当とされる。 11月17日、長男シャルル誕生。	イギリスでカトリック教徒解放令が成立。
1830	32	9月、ルイ＝フィリップの第5子、クレマンティーヌ王女（13歳）の歴史担当家庭教師となる。 10月21日、王立（のちに国立）古文書館の歴史部主任に任命される。	7月、七月革命勃発。 8月2日、シャルル10世退位。 8月9日、ルイ＝フィリップ即位。 7月王政始まる。
1831	33	4月1日、**『世界史入門』**刊行。 7月1日、**『ローマ共和制史』**刊行。	11月、リヨンで絹織工の暴動。
1833	35	10月19日、**『フランス史概要』**刊行。 12月1日、**『フランス史』第1巻、第2巻**（この巻頭に「タブロー・ド・ラ・フランス（フランスの景観）」）刊行。	イサベル2世がスペイン女王に即位。

年	年齢	ミシュレ関連事項	フランスおよび世界の出来事
1834	36	1月9日、ソルボンヌでギゾーの代行として、近代史を担当。	4月、パリとリヨンで労働者の暴動。トランスノナン街の虐殺。
1835	37	2〜3月、病に伏す。 9月15日、『**ルター自身によるルター回想録**』刊行。	フェルディナント1世がオーストリア皇帝に即位。
1837	39	6月、『**フランス史**』第3巻、『**フランス法の起源**』刊行。	イギリスでヴィクトリア女王が即位。
1838	40	1月8日、コレージュ・ド・フランスの歴史・道徳担当教授に選出。 3月24日、アカデミー・フランセーズ道徳・政治部門会員に選出。 10月10日、エコール・ノルマル教授辞任。	5月、チャーティスト運動始まる。
1839	41	7月24日、妻ポーリーヌ死去。 12月、コレージュ・ド・フランスで「ルネサンス」について講義始める。	11月、アヘン戦争始まる。
1840	42	2月29日、『**フランス史**』第4巻刊行。 5月5日、教え子アルフレッド・デュメニルの母アデール・デュメニル夫人来訪。	12月、ミッキェーヴィチ、コレージュ・ド・フランス教授となる。

1841	43	2月、デュメニル夫人パリで治療に専念するため、ミシュレの家に移り住む。 8月23日、『**フランス史**』**第5巻**（ジャンヌ・ダルクの章含む）刊行。	
1842	44	5月31日、デュメニル夫人、ミシュレの家で死去。6月2日、夫人をペール＝ラシェーズに埋葬。 9月、女中のマリーを愛人とする。	8月、イギリスと清が南京条約締結（アヘン戦争終結）。
1843	45	7月20日、『**イエズス会**』（**キネとの共著**）刊行。 8月3日、娘アデールがアルフレッド・デュメニルと結婚。	4月21日、クレマンティーヌ王女結婚。
1844	46	1月4日、『**フランス史**』**第6巻**刊行。 2～3月、主治医の妻エステール・オーペパン夫人と関係。 11月、マリーと別れた後、次の女中ヴィクトワールを愛人とする。	フランスと清が黄埔条約（修好通商条約）を締結。
1845	47	1月15日、『**司祭、女、家族**』刊行。 1月19日、カルメル会修道女マリー＝デ＝ザンジュとの奇妙な交際始まる。 3～5月、議会でミシュレとキネの講義が問題視される。	
1846	48	1月28日、『**民衆**』刊行。 11月18日、父フュルシー死去。	米墨戦争勃発（～48年）。

年	年齢	ミシュレ関連事項	フランスおよび世界の出来事
1847	49	2月10日、『**フランス革命史**』第1巻刊行。 10月末、ウィーンのアテナイス・ミアラレから手紙が届く。 11月15日、『**フランス革命史**』第2巻刊行。 12月16日、コレージュ・ド・フランスで「社会革新と革命」というタイトルの講義 開始。	イギリスで工場法成立（若年労働者・女性労働者の労働時間を10時間に制限）。
1848	50	1月2日、ミシュレの講義中断させられる。 3月6日、ミシュレとキネの講義再開。学生たちから熱狂的に迎えられる。 4月、中断された講義を刊行（のち『**学生よ**』と題される）。 11月8日、アテナイス・ミアラレ、ポスト街のミシュレの家に現れる。	2月24日、二月革命勃発。
1849	51	1月25日、コレージュ・ド・フランスで「愛と教育」という講義始める。 2月10日、『**フランス革命史**』第3巻、シャムロ社より刊行。 3月12日、アテナイス・ミアラレと宗教儀式なしの結婚。 12月27日、コレージュ・ド・フランスで「民衆の教育と女」という講義始める。	5月13日、立法議会選挙。パリではルドリュ＝ロラン、ユゴー、ラムネー、ルルーら当選。ラマルティーヌ落選。 6月をピークにコレラが流行。パリで2万人の死者。

1850	52	2月10日、『**フランス革命史**』第4巻刊行。 7月2日、アテナイスとの間に息子イヴ＝ジャン＝ラザール誕生。8月24日死去。	
1851	53	3月13日、ルイ・ナポレオンに対立しているとして、コレージュ・ド・フランスの講義中止命令を受ける。 3月18日、『**フランス革命史**』**第5巻第1部**刊行（**第2部**は7月5日刊行）。 3月20日、ミシュレの講義再開をもとめ学生たちがデモ。75名逮捕される。 10月24日、コレージュ・ド・フランスの給与半減を提案されるも拒否。 11月26日、『**ポーランドとロシア、コシチューシコ**』（『**民主主義の黄金伝説**』の最初の部分）を刊行。	12月2日、大統領ルイ・ナポレオンによるクーデター。 12月9日、ユゴーやキネを含む72人の代議士に追放令。 12月31日、国民投票でナポレオンのクーデター、750万表の賛成（反対64万余）で承認。
1852	54	3月8日、政権への忠誠を全公務員に求める政令。応じない者は辞職することとなる。 4月12日、ミシュレ、キネ、ミツキェーヴィチ、コレージュ・ド・フランスを罷免される。 6月9日、国立古文書館を辞職。	11月21～22日、国民投票で帝政復活が支持される。 12月2日、ナポレオン3世即位。
1853	55	2～3月、ミシュレの健康状態悪化。 8月1日、『**フランス革命史**』**第6巻**、**第7巻**同時刊行。	10月21日、ユゴー、ブリュッセルで『**懲罰詩集**』刊行、ナポレオン3世を厳しく批判。

年	年齢	ミシュレ関連事項	フランスおよび世界の出来事
1854	56	1月21日、『**北方の民主主義伝説**』（コシチューシコ、ダニューブ流域の諸公国、ロシアの殉教者たち）刊行。 3月1日、『**宴**』を書き出すも完成できず、死後1879年アテナイスにより刊行。 5月1日、『**革命の女たち**』刊行。	3月、イギリスがナポレオン3世にはかり、オスマン帝国支援のためクリミア戦争に参戦。
1855	57	2月1日、『**ルネサンス**』刊行。 7月2日、『**宗教改革**』（『**フランス史**』**第8巻**）刊行。 7月15日、娘アデール死去。	クリミア戦争で露軍のセヴァストポリ要塞が陥落。
1856	58	3月8日、『**宗教戦争**』（『**フランス史**』**第9巻**）刊行。 3月、『**鳥**』刊行。 11月10日、『**旧教同盟とアンリ4世**』（『**フランス史**』**第10巻**）刊行。	3月、パリ条約締結（クリミア戦争終結）。
1857	59	5月27日、『**アンリ4世とリシュリュー**』（『**フランス史**』**第11巻**）刊行。 10月14日、『**虫**』アシェット社から刊行。	5月、インドでセポイの乱。

1858	60	4月1日、『**リシュリューとフロンドの乱**』（『**フランス史**』**第12巻**）刊行。 11月17日、『**愛**』アシェット社から刊行。	1月14日、パリ・オペラ座前で、青年イタリア党員オルシーニによるナポレオン3世暗殺未遂事件。 2月11日、ルルドで少女ベルナデットの前に聖母マリア出現との噂。
1859	61	10月24～31日、『海』で描写しているすさまじい嵐にあう。 11月21日、『**女**』刊行。大反響を呼ぶ。	2月18日、フランス軍らがサイゴン占領。インドシナ支配が始まる。 5月3日、ナポレオン3世、オーストリアに宣戦布告しイタリア統一戦争に参戦。
1860	62	4月27日、『**ルイ14世とナントの王令の廃止**』（『**フランス史**』**第13巻**刊行）。	3月24日、サヴォワとニースをフランスに併合。
1861	63	1月15日、『**海**』刊行。 2月18日、小説『**シルヴィーヌ、ある小間使いの手記**』を書き始めるが完成せず。 4月27日、『司祭、女、家庭について』の新しい「序文」を書く。	4月2日、ナポレオン1世の遺骸、アンヴァリッドに移転。

年	年齢	ミシュレ関連事項	フランスおよび世界の出来事
1862	64	1月27日、『**ルイ14世とブルゴーニュ公**』(『**フランス史**』**第14巻**) 刊行。 4月16日、息子シャルルが死去。 11月15日、スキャンダルを恐れアシェット社から出版拒否された『**魔女**』、ダンテュ・エ・エッツェル社より少部数刊行。	9月、リンカーンが奴隷解放を宣言。
1863	65	2月4日、『**魔女**』ブリュッセルのラクロワ社から刊行、パリでの販売も始まる。 3月23日、ダンテュ社から『**殉教者ポーランド**』という題で『**北方の民主主義伝説**』が再版される。 10月3日、『**摂政時代**』(『**フランス史**』**第15巻**) 刊行。	1月、現在のポーランド、リトアニア、ベラルーシでロシア帝国支配に対抗する一月蜂起。
1864	66	11月5日、『**人類の聖書**』シャムロ社より刊行。 11月13日、アテナイスの母ミアラレ夫人死去。	
1865	67	7月25日〜8月31日、仏サヴォワ地方のサン＝ジェルヴェに滞在し、『**山**』の構想を得る。	10月中旬をピークにパリでコレラはやり、4340人の死者。
1866	68	5月1日、『**ルイ15世**』(『**フランス史**』**第16巻**) 刊行。 8月7日、『**パリ・ガイド**』に載せるため「コレージュ・ド・フランス」に関する文を書く。 11月19日、夫人アテナイスが『ある娘の回想録』を刊行。	アルフレッド・ノーベルがダイナマイトを発明。

1867	69	10月10日、『**ルイ15世とルイ16世**』（『**フランス史**』**第17巻・最終巻**）刊行。	4月～10月、パリ万国博覧会。
1868	70	2月1日、『**山**』刊行。	
1869	71	1月5日、ラクロワ社から再版される『フランス革命史』第5巻への序文書き終える。 11月2日、『フランス史』の続きを書こうと決意、『19世紀史』を構想。 11月12日、『**われらが息子たち**』刊行。	9月6～12日、バーゼルで「労働者国際協力大会」開かれる。 9月14日、ローザンヌで「平和と自由の大会」開かれる。
1870	72	10月30日、『ヨーロッパを前にしたフランス』書き始める。	9月4日、ナポレオン3世失権。共和国が宣言される。
1871	73	1月25日、『**ヨーロッパを前にしたフランス**』、フィレンツェにて刊行。 4月30日、二度目の卒中を起こす。	1月28日、休戦。パリ開城。 3月18日、休戦を認めずパリが反乱（パリ・コミューン）。5月、政府軍がパリに入り、28日までに鎮圧。
1872	74	4月3日、『**19世紀史**』**第1巻**刊行。 10月、肺炎にかかり、右手が不随に。	
1873	75	3月15日、『**19世紀史**』**第2巻**刊行。 11月1日、『19世紀史』第3巻書き終える。第4巻に取り掛かる。	1月7日、ナポレオン3世死去。

年	年齢	ミシュレ関連事項	フランスおよび世界の出来事
1874	76	2月9日、心臓発作により死去。翌年11月、『19世紀史』第2、第3巻刊行。	4月、パリで第1回印象派展。

著者紹介

大野一道（おおの・かずみち）

1941年生。1967年東京大学大学院修士課程修了。中央大学名誉教授。専攻はフランス近代文学。著書に『ミシュレ伝』『「民衆」の発見——ミシュレからペギーへ』（以上、藤原書店）『春のはなびら——戦争の残照、わが幼年時代』（吉田書店）、訳書にミシュレ『民衆』（みすず書房）、同『女』『世界史入門』『学生よ』『山』『人類の聖書』『全体史の誕生』『万物の宴』、共編訳書にミシュレ『フランス史』全6巻、『民衆と情熱』全2巻（以上、藤原書店）他。

〈決定版《けっていばん》〉ミシュレ入門《にゅうもん》——愛《あい》／宗教《しゅうきょう》／歴史《れきし》

2024年10月30日　初版第1刷発行©

著　者　大　野　一　道
発行者　藤　原　良　雄
発行所　株式会社　藤　原　書　店

〒162-0041　東京都新宿区早稲田鶴巻町523
電　話　03（5272）0301
FAX　03（5272）0450
振　替　00160-4-17013
info@fujiwara-shoten.co.jp

印刷・製本　中央精版印刷

落丁本・乱丁本はお取替えいたします
定価はカバーに表示してあります

Printed in Japan
ISBN978-4-86578-439-8

「すべての学問は一つである。」

全体史の誕生
〈若き日の日記と書簡〉

J・ミシュレ
大野一道編訳

ミシュレは、いかにしてミシュレとなりえたか？　アナール歴史学の父、ミシュレは、古典と友情の海から誕生した。万巻の書を読み精神の礎を築き、親友と真情を語り合い人間の核心を見つめたミシュレの青春時代の日記や書簡から、その稀有な精神の源に迫る。

四六変上製　三二〇頁　三〇〇〇円
（二〇一四年九月刊）
◇978-4-89434-987-2
ÉCRITS DE JEUNESSE　Jules MICHELET

68年「五月」のバイブル

〈新版〉学生よ
〈一八四八年革命前夜の講義録〉

J・ミシュレ
大野一道訳

二月革命のパリ――ともに変革を熱望したふたりの人物、マルクスとミシュレ。ひとりは『共産党宣言』を、もうひとりは本書を著した。幻の名著、本邦初訳！　「一つの意志、もしそれが強固で長続きすれば、それが創造です。」（ミシュレ）

四六上製　三〇四頁　二五〇〇円
（一九九五年五月／二〇一四年一〇月刊）
◇978-4-89434-992-6
L'ÉTUDIANT　Jules MICHELET

一五〇年前に、既に地球史家がいた

J・ミシュレ 民衆と情熱Ⅰ・Ⅱ
〈大歴史家が遺した日記 1830-74〉

Ⅰ　1830～1848年
Ⅱ　1849～1874年

大野一道編
大野一道・翠川博之訳

地球史家の全貌を明かす日記、本邦初訳。「告白文学において最も驚嘆すべきものの一つ」（『ル・モンド』）。

四六変上製
Ⅰ六〇八頁（口絵八頁）　六二〇〇円
Ⅱ九二〇頁（口絵四頁）　八八〇〇円
（Ⅰ二〇二〇年六月／Ⅱ一一月刊）
Ⅰ◇978-4-86578-276-9
Ⅱ◇978-4-86578-286-8
JOURNAL　Jules MICHELET

思想家としての歴史家

ミシュレ伝 1798-1874
〈自然と歴史への愛〉

大野一道

『魔女』『民衆』『女』『海』……数々の名著を遺し、ロラン・バルトやブローデルら後世の第一級の知識人に多大な影響を与えつづけるミシュレの生涯を、膨大な未邦訳の『日記』を軸に鮮烈に描き出した本邦初の評伝。思想家としての歴史家の生涯を浮き彫りにする。

四六上製　五二〇頁　五八〇〇円
（一九九八年一〇月刊）
◇978-4-89434-110-7

自然史、地球史への転換点を示す、新たな世界観

万物の宴
（すべての生命体はひとつ）

J・ミシュレ
大野一道編
大野一道・翠川博之訳

〝すべての生きものたちの食卓〟を夢見て――『フランス革命史』完成に消耗したミシュレは、一八五三年冬、北イタリアへ赴く。そこで自然との不思議な交感を得ながら、その地の貧窮を目の当たりにし、万物が交歓する、革命を越える「宴」を幻視する。未完の重要作の初邦訳！

四六変上製　三二〇頁　**二八〇〇円**
（二〇二三年一月刊）
◇978-4-86578-380-3

LE BANQUET
Jules MICHELET

アナール派の重鎮が明快に答える

気候と人間の歴史・入門
（中世から現代まで）

E・ル＝ロワ＝ラデュリ
稲垣文雄訳

気候は人間の歴史に、どんな影響を与えてきたのか？　フェルナン・ブローデルが絶讃した、自然科学・人文科学の学際的研究の大著『気候の歴史』の著者が明快に答える、画期的入門書！

口絵二頁
四六上製　一八四頁　**二四〇〇円**
（二〇〇九年九月刊）
◇978-4-89434-699-4

ABRÉGÉ D'HISTOIRE DU CLIMAT
Emmanuel LE ROY LADURIE et
Anouchka VASAK

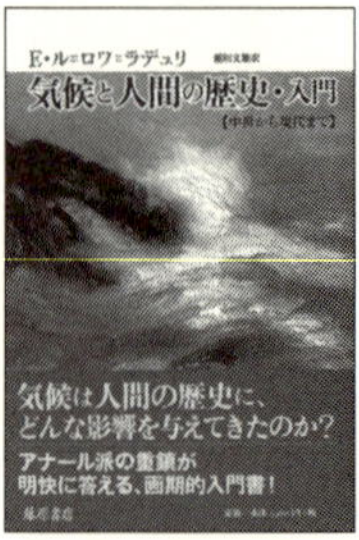

「嗅覚革命」を活写

においの歴史
（嗅覚と社会的想像力）

A・コルバン
山田登世子・鹿島茂訳

アナール派を代表して「感性の歴史学」という新領野を拓く。悪臭を嫌悪し、芳香を愛でるという現代人に自明の感受性が、いつ、どこで誕生したのか？　十八世紀西欧の歴史の中の「嗅覚革命」を辿り、公衆衛生学の誕生と悪臭退治の起源を浮き彫る名著。

A5上製　四〇〇頁　**四九〇〇円**
（一九九〇年一二月刊）
◇978-4-938661-16-8

LE MIASME ET LA JONQUILLE
Alain CORBIN

アナールの「死の歴史」の到達点

死とは何か　㊤㊦
（1300年から現代まで）

M・ヴォヴェル
㊤立川孝一・瓜生洋一訳
㊦立川孝一訳

心性の歴史家、プロヴァンスの革命史家ヴォヴェルの主著。宗教、哲学、文学、科学等の文献から、絵画、彫刻、建築に至る膨大な資料をもとに、西欧世界を展望。

カラー口絵各一頁
第55回日本翻訳出版文化賞
A5上製　**各六八〇〇円**
㊤五九二頁（二〇一九年一月刊）
㊦六六四頁（二〇一九年二月刊）
㊤◇978-4-86578-207-3
㊦◇978-4-86578-211-0

LA MORT ET L'OCCIDENT: DE 1300 À NOS JOURS
Michel VOVELLE